クソ女（アマ）の美学

ミン・ソヨン 著

岡崎暢子 訳

ワニブックス

::推薦者より

ムカつかれるくらいのクソ女(アマ)になりたい

　女なら誰しも一度くらいは、クソ女(アマ)呼ばわりされるはずだ。私が中学生の頃の話だが、先生の質問にキリリと答えた瞬間、後ろの席の男子に鼻で笑いながらこう言われたことがある。
「ケッ、出しゃばってんじゃねえぞクソ女」
　それまでだって私は、目立たないように、お高くとまって見えないように、周りの皆と波風立てることなく付き合っていけるように、自分なりに努力してきた。
　なのに、地雷ってやつは実にあちこちに落ちていた。
　女は、勉強ができても、できなくても、可愛くても、可愛くなくても、あまりに女らしすぎても、女らしくなくても、自分の考えを発言しても、しなくても、とにかくムカつく、クソ女と悪口をたたかれた。
　悪口を言われずに生きる道はあまりにも細く危なっかしくて、私はいつでも自分自身を厳しくチェックしながら生きることを余儀なくされた。
　さらに恥ずかしいことに私は、そのおかしな基準を作った世の中と戦うのではなく、細い道の外にいる女たちを揶揄する方を選んだ。
「あのクソ女ったら、本当に目立ちたがり屋ね!」

　この本には、そんな私がこれまで言いたくても言えずに、グッと飲み込んできた言葉の数々が綴られている。他人に嫌われることを恐れ

てできなかった行動のあれこれが描かれている。

　作者は、女たちに襲い掛かるたくさんの手首をぐいっとつかんでは、「消えな！」と言い放つ。その姿に胸がスッとするとともに、一方では「どうして私はこんなふうに毅然（きぜん）とした態度で対処できなかったんだろう？」とも考える。

　しゅんとした瞬間、作者からのエールが聞こえた。「こんな気持ちを強いられることになったのは、決して私たちのせいではなく、私たちをないがしろにしてきたやつらのせいよ！」と。

　そうだ、クソ女扱いされまいと必死にもがいた日々も、クソ女と言われた日々も、どれも全部私たちのせいじゃない。

　だからもうこれ以上、自分を責めたりしない。

　今日から私は、もっとムカつかれる女になりたい。悪口を言われるのが怖くて、ひっそりと生きてきたこれまでの日々の分まで、もっともっと堂々と生きてやるんだ。

　世の中のすべてを、目を見開いてまっすぐ見つめ、自分の意見をしっかりと言える生意気な女たちを応援し、愛していく。

　もしも誰かに「クソ女、出しゃばってんじゃねえよ」なんて言われようものなら、斜め45度を見つめながら鼻で笑ってやるんだ。

　ああ、私もどうしようもないクソ女だわ。

涼しい夏の夜（作家・心理カウンセラー）

::もくじ

推薦者より ムカつかれるくらいのクソ女になりたい 002
プロローグ ある日突然、男女が入れ替わったら？ 006

Part 1
男と女、同じ場所、違う人生

1 勘違いするのは自由だけど、私の責任じゃありません 014
2 同じ国に住んでいるのに、別の世界に生きている 024
3 あなたにはロマンス、私にとってはスリラー 036
4 理想のタイプはダウングレード禁止 048
5 男たちの勘違いあるある 060
6 別れた翌日、また別の日 072
7 女にしか解けない間違い探し 082
8 女だから、男だから 092

Part 2
何の因果か女に生まれて

1 セクシャルハラスメント 106
2 子宮を持つ者、その重さに耐えろ？ 116
3 潜在的加害者、潜在的被害者 126
4 あの頃、彼らのついたウソ 136
5 #MeToo 146

Part 3
女は〇〇すべきだ

1 ひとつのベッドに、他人の2人 154
2 男にとってはイイこと 166
3 適当になんて満足できない 178
4 なぜ女はまともな男と付き合おうとするのか 188
5 私の体、あなたの選択 200
6 味方という名の敵 212
7 どこから見てもフェミニスト！ 222

エピローグ 234
訳者あとがき 238

∷ プロローグ

※ここでの「キムチ男」とは、「キムチ女」（2010年代になって男性が女性を揶揄しようと言い始めたスラング。自分勝手、男性依存的、虚栄心の強い女）の皮肉。

※韓国では昔から男児選好思想が根強くあり、この漫画はそれを皮肉っている。胎児の性別が女とわかると堕胎が法律で禁じられているなか、隠れて中絶するケースも後を絶たず、一時は胎児の性鑑別が禁止されるが、2008年に憲法裁判所が胎児の性鑑別禁止は違憲とした。

ある日突然、男女が入れ替わったら？

　皆、一度くらいは、こんな想像をしたことがあるのでは？

　女の子のおもちゃがピンク色だけじゃない世界。女の子の遊びが赤ちゃんの世話やままごとなど家事の延長線に留まらず、電車やロボットでも思いっきり遊べる世界。スカートめくりが悪ふざけじゃない世界。ただでさえタイトな制服の下に、タンクトップを着こまなくてもいい世界。「稼ぎのいい男と結婚するために勉強しなくちゃ」なんて言わなくてもいい世界。

　初潮を迎えて「もう女なんだから行動に気を付けなさい」なんて言われなくて済む世界。まるで犯罪行為みたいに、生理用品をコソコソ取り出さなくてもいい世界。あばら骨をぎゅっと締め付けるブラジャーに、何十年と苦しめられなくてもいい世界。

「ドライブに行こう」とハンドルを切るタクシー運転手に遭遇しない世界。バスで誰かに体を触られない世界。地下鉄で若い女の子にだけいちゃもんをつけるジジイに遭遇しない世界。トイレで盗撮を心配してきょろきょろしなくていい世界。性暴力の被害者である自分の方が

非難されることのない世界。女性という理由だけで、たやすく犯行の標的にされない世界。

　25歳を過ぎたら価値が落ちると言われない世界。言い寄ってくる男を拒絶しても、しつこくつきまとわれない世界。初めて付き合った彼氏にセックスを強要されても断れる世界。別れを切り出しても、塩酸をかけられる心配をしなくても済む世界[1]。

　年齢を理由に追いたてられるように結婚しなくてもいい世界。一緒に住む家を共同名義にすることが当然の世界。盆正月に一目散に夫の実家に行って食事の準備をしなくてもよくて、男たちが大きいテーブルでのんびり食事をしている時にも、女たちは小さいテーブルで、あくせく食事をとらなくてもいい世界。いや、あえてそれ自体を拒否することができる世界。

　妊娠したからと退職せずに済み、子どもを預けて仕事をしていても"厚かましい女"などと言われない世界。子どもと一緒に出掛けても"ママ虫"などと言われない世界[2]。共働きなのに女性だけが家事を強い

られたり、おろそかにしているなどと非難されたりしない世界。一緒に住むパートナーとして、家事を分担するのが当然の世界。

　女と男が同等の給料をもらえる世界。女と男が同等の割合で採用される世界。女と男が同等の扱いを受ける世界。女と男が同等の待遇を受ける世界。

　私たちはただ、公平であることを願っているだけなのに。
　そんな気持ちでこの漫画を描き、エッセイを綴りました。

2018 年 8 月

ミン・ソヨン

※１　近年、別れを切り出されて逆上した男が塩酸や氷酢酸を女性にかける、いわゆる「デート暴力」が相次ぎ、当局が取締りを強化している。デート暴力の取締り件数は毎年１万件余り。
※２　若い母親に対し、社会性がなく、子どものしつけもろくにできないやつだと揶揄する新造語。『82 年生まれ、キム・ジヨン』で広く知られるようになった。

Part 1
男と女、同じ場所、違う人生

1

勘違いするのは自由だけど、
私の責任じゃありません

男と女、同じ場所、違う人生

男と女、同じ場所、違う人生

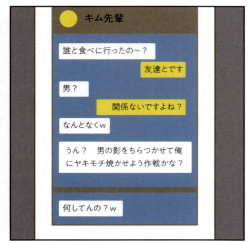

最初のアタックで落ちないなら暴力

　いつだったか、YouTube で「男と女は友達になれないのか？」というテーマの動画を見たことがある。マイクを持って街の人にインタビューする 5 分程度の動画だったが、女性の多くが「友達になれる」と答えていたのに対し、ほとんどの男性は「友達にはなれない」と答えていた。

　続いて、「では、今はただの友人として付き合っている相手が、あなたを異性として好きだと思うか？」という質問には、女性たちは笑いながら「そうかもしれない」と答えた。そんな答えを証明するかのように、回答した女性の隣にいた男友達は「付き合いたい」と答えていた。

　男が女と友達として付き合いたいのは、単純に自分が彼女たちの彼氏予備軍、つまり潜在的な恋愛対象になるかもしれないという理由からだろうか？　信じたくないが、その" 潜在的な恋愛対象 "という淡い期待が崩れ落ちるや否や、男たちが驚くほど攻撃的になったり、冷酷に豹変するさまを、私は何度も見てきた。男が勝手に寄せる好意のおかげで女は悪女になり、金目当ての女になり、はたまた自分のテリトリー内に付かず離れずの彼氏予備軍をキープする" 漁場管理女 "に

もなる。以前ヒットした映画『建築学概論』でもこんな場面があった。男性主人公が女性主人公といい感じになったある夜、酔ってふらふらになった女性主人公が、後を追いかけてきた男の先輩によって、彼女の同意を得ないまま家に連れ込まれる。男性主人公は、その姿を見ても殴り込みをかけるどころか（そんな展開も嫌だが）、女性主人公を尻軽な"クソ女"に仕立て上げるのだが、男の一方的な幻想とはまさにそのような心理に近いと思う。

　そんな状況は、親しい間柄でなくても同じだ。
「いつもありがとうございます」という言葉に反応して、デートの申請をしてくる"カフェの常連というだけ男"。血管にキムチ汁でも流れているのか、知らない男が興奮気味にぶしつけな視線を送ってくるので、同じように睨み返してやったところ、「やっぱり、君も僕に気があると思った」と電話番号を教えろと詰め寄る"地下鉄で乗り合わせただけ男"。たった1度、夕食を一緒に食べただけで「君との結婚生活まで想像した」と言う"習い事の顔見知りなだけ男"。ジョークに何回かウケたら、あちこちで自分に好意があると言いふらす"職場の同僚男"。しゃべりながら少し微笑んだからと、メールのやり取りを何度かしたからと、ましてやその場所にいたからと、自分に好意があると錯覚す

る○○男たち。そんな彼らが心底恐ろしい。

　考えてみれば、そんな行動をとる男たちは、心からその女性と付き合いたいと思っているわけではないような気もする。むしろ女性に親切にしている自分に酔って、あるいは、この子と付き合えるかもしれないという期待に酔って、その幻想を楽しんでいる感覚に近いのではないだろうか。ラブコメ映画、ロマンスドラマ、少女漫画を"女の"コンテンツだといつでも小馬鹿にしておきながら、実際、誰よりもその状況に飢えているのは男の方かもしれない。他人へ危害さえ加えなければご自由にどうぞと言いたいところだが、その華麗なる妄想をリアルな女性に求めるから問題になり、被害者が生まれるのだ。

　アルバイト、会社、学校、習い事の場などなど。ああ、男たちよ、お願いだから淡い期待なんかやめて、仕事だけ、勉強だけしようぜ。

　恋愛成就なんてありえないから。少なくとも、あなたとは。

2

同じ国に住んでいるのに、別の世界に生きている

男と女、同じ場所、違う人生

男と女、同じ場所、違う人生

真夜中の恐怖体験

　つい先日の話だ。無性にハンバーガーが食べたくなり、居ても立っても居られなくなった。たぶん夜中の 1 時頃だったと思う。

　携帯のバッテリー残量が十分か確認し、普段はオフにしている位置情報をオンにした。もし何かあった場合に、位置追跡くらいできるようにだ。夜更かししている友人たちにメールもした。もし 10 分後に私から何の連絡もなければ、警察に届けてくれと。財布をポケットの奥深くにしまった。昼間ならイヤフォンも一緒に突っ込むところだが、やめた。周囲の音を聞き逃さないように。まるで野生動物が天敵に備えるかのごとく。

　寒さに備え、分厚いジャンパーを羽織った。ガチャリ。眠りについている家族を起こさないように、静かにドアを開けて外に出た。夜の冷たい空気がヒヤリと襟元から入り込んだ。だが、それ以上に私をヒヤリとさせたことが、ほかにもあった。

　バーガーショップまでの道すがら、周囲をきょろきょろと見まわしながら歩いた。暗がりのベンチにあやしいやつが座っていやしないか。

あの角を曲がったら、何者かが飛び出してきやしないか。だが、誰も
いなかった。今、目の前には人が1人、2人、そして業務用食品の配
達トラックだけ。それらとも最大限離れたところを歩いた。車が通り
過ぎるたびにドキッとして、体が硬直した。もしかして車のドアが開
くんじゃないかと。何者かが飛び出してきて私の口をふさぎ、車に連
れ込みやしないかと。私は髪の毛をジャンパーのフードにすっぽりと
隠し、わざとガニ股になってのしのしと歩いた。まるで男が歩くように。
駅前に集まっているホームレスに女だと気付かれやしないかとヒヤヒ
ヤしながら。

　そうして、やっとの思いでたどり着いたバーガーショップだったが、
なんと内装工事のため休業中だった。仕方なく最終目的地をコンビニ
に変更することになったが、それでもコンビニがあって助かった。普段、
人でごった返している通りがこんなにも静かだなんて。何とも言えな
い心細さに鳥肌が立った。

　"ノレバン"〔カラオケボックス〕の看板が"ノレパン"になってい
たり、文字の一部が♡になっていたりするところはいかがわしい遊興

店だと聞いているが、我が家の近くの商店街にも、意外とそういう店がたくさん存在していた。足早に通り過ぎれば店から逃げ出したやつみたいに思われるかもしれないと、わざとゆっくり歩いた。できるだけのろのろと。

　とあるビルの駐車場を通り過ぎようとしていた時だ。どういうわけか１台の車が私のそばで速度を落とした。運転手と目が合った気がした。胸がドキドキした。普段は横断歩道のないところを渡るなんて絶対しないのだが、そんな余裕はなかった。全速力で４車線を横切ると、道向かいのコンビニに飛び込んだ。同時に、車が駐車場に入っていくのが見えた。そうこうして、ようやくコンビニにたどり着いた。へなへなとその場に座り込みそうになった。

　カップ麺とヨーグルトが入ったレジ袋を受け取りながら、頭の中では家までの最短ルートをはじき出していた。あそこの横断歩道を渡って、いやいや、それより横の信号の方が先に変わるはず。だけどあの辺りは暗すぎる……と。

コンビニを出ると、かぶっていたフードを脱いだ。フードをかぶったままでは周囲がよく見えないからだ。冷気が髪の一本一本に染み込み、毛根まで凍るようだった。

　360度見渡した。誰もいない。ダッシュした。全速力で猛ダッシュした。まだ周りに人の気配はない。それでも誰かが飛び出してくるような気がしてならなかった。心臓が口から飛び出しそうだった。

　アパートの周りはより一層真っ暗だった。街灯が壊れているせいだ。暗い路地を入ると、すぐに携帯のフラッシュライトをつけた。共同玄関のオートロックキーを解錠して、四方をフラッシュライトで照らした。この短い間にも、誰かにつけられてやしないかと。

　エレベーターに乗り込んだ。我が家は10階だが、3階、6階、8階、そして10階、13階、14階のボタンを押した。3階に到着した。エレベーターのドアが開く。センサーライトがついた。6階に到着した。エレベーターのドアが開く。センサーライトがついた。8階に到着した。エレベーターのドアが開く。センサーライトがついた。そして10階に到着した。エレベーターのドアが開き、降りた。センサーライトがついた。13階、14階でも同じことが繰り返されるはずだ。もし誰かが

後をつけてきたとしても、私が何階で降りたのかわからないようにしたつもりだ。わざわざそんな小細工までした。

　万が一にも誰かに見られまいと、暗証番号キーを素早く押してドアを開け、家に入った。ジャンパーを脱ぐと、火照っていた背中がすぐさま冷たくなった。首筋から背中まで冷や汗でびっしょりだった。

　やっとの思いで、カップ麺とヨーグルトを買っただけだ。

　ある人は、それほどまでの怖がりのくせして、どうして深夜に出掛けたんだと言うだろう。しかし、しかしだ。私はどんな夜中にだって、ハンバーガーを食べに出掛けても何の心配もない世界に暮らしたい。夜中に何者かが後をつけてくるんじゃないかと、しきりに振り返らなくてもいい世界。夜中にタクシーに乗っても、どこか違う所に連れて行かれやしないかと心配しなくてもいい世界。男たちが生きる世界がそうであるように。

　私は今日だって、どんなオバケよりも、今すれ違った男の方がずっと恐ろしい。

3

あなたにはロマンス、
私にとってはスリラー

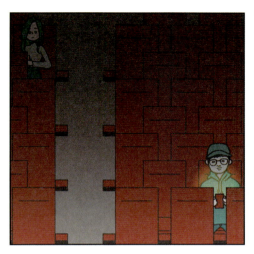

昼間に女が一人で映画館に来ている件
作成者　★真昼の映画男

即レス求む！
昼間だしゲーム仲間もいないから映画見に来た。
発券機見たら隅の1席以外は、マジ超ガラガラで

同類のヒマ野郎だろうから、離れた席にしたんだけど
なんとその隅の1席が女子だった件！！！！

まあまあ可愛いかな程度？　地味だけど俺のタイプ？

脱線した。女子が一人でめかし込んで映画館に来る？
昼間に映画見るためにおしゃれなんかするか？
映画終わったら声かけるべき？　それとも今がベスト？？

あっちも携帯いじってるから友達と俺の話してたりして～

→★ナッパメン　並んで座ってたらカップルっぽく見られたのに残念w

 イ・ギュリさんは ムカついています
たった今・

一人で映画館に来たんだけど
前の席の男がずっとこっち見てる。
ああいうやつらが嫌だからわざわざ隅の席にしたのにムカつく。
見た目からキモいし、チラ見してくるし。
予告編やってるうちに出た方が身のためかなあ…
自分のお金で映画を見るのに、
なぜ私が悩む羽目になるのか…
#ため息

キム・ヒョンジュさんほか12人

キム・ヒョンジュ
わざと女性の隣の席を買う変態もいるっていうし;;;

それもこれも、好きだからさ

　私は無類の旅行好きだ。仕事の区切りがつきさえすれば、ふらっと国内旅行に出掛けては SNS に旅行記をアップするのが、生活の中での大きな楽しみのひとつとなっている。

　一昨年の旅行先は釜山だった。その時は姉と一緒に、ビーチリゾートで有名な海雲台に宿を取った。オーシャンビューの部屋の大きな窓からは、真っ青な海が見えた。うれしくなった私は、部屋からの風景を撮影して SNS にアップした。

　そうして出掛ける準備をしていた頃、知り合いの男性からメッセージを受信した。「今、釜山にいるの？」という問いだった。私は以前から釜山旅行に行くことを SNS に書き込んでいたので、それほど深く考えずにそうだと答えた。すると間髪を容れず「ホテルは海雲台の〇〇の近くじゃない？」と返信が来た。

　この程度はまだ何のことはなかった。私は彼が釜山出身だということも知っていたし、もちろん釜山は大都市ではあるが、写真に写り込む建物から場所を特定するぐらいには、彼がこの辺の地理に明るいのだろうと思った。だが、本当に鳥肌が立ったのは、彼の次の発言からだった。

「泊まっているホテルまでは当てられないけど、だいたいどの辺りかはわかる」

　はあ？
　なんで
　それを
　お前が
　追跡する？

　彼は自分の追跡力の高さに気持ち良くなったのか、一向にやめる気配がなかった。すでに十分気色悪いのに、なんと地図アプリ上に座標まで記して私に送ってきたのだ。
「ロードビューの角度から見て、この辺？　この近くのホテルだとココとココしかないけど、写真から推測するに結構な高層階みたいだから、こっちのホテルでしょ？　だけど何号室かまではわからないや」
　幸いにも（？）、私たちは彼が突き止めたホテルとは別の所に宿泊していた。にもかかわらず、鳥肌が音を立てるようにブツブツと立った。私は彼との会話もそこそこに、すぐさま SNS から写真を削除した。

まさにその時からだ。私がSNSにリアルタイムで写真を上げなくなったのは。

　頭ではわかっていた。彼はその時ソウルにいたし、私を怖がらせたくて居場所を追跡したわけじゃないってことぐらい十分わかってはいたが、それでも一体なぜそれを私に伝えようとしたのだろうか？　もちろん何も言わずいきなりホテルに訪ねてこられたら、それこそ気色悪いを通り越してスリラーだが、居場所を言い当てることで私に好印象を与えられるとでも思ったのだろうか？　もしそれが冗談だったとしても、実に不快な冗談だし、百歩譲ったところで好ましい行動だとも思えない。ただの1ミリだってうれしくもロマンチックでもない。

　こんな時、「だったら最初っからSNSなんてやらなければいいじゃない」と見当外れな反論をされることがある。確かにそうだ。SNSにあんな写真を自らアップしておいて、しなくてもいい心配をどうしてわざわざするのかって話だ。だけど、だ。そもそもなぜ私の方がそんなことを言われなきゃならないのだろう？　先に尋ねてきた方が、探し当てようとしてきた方がおかしいんじゃないの!?

あれ？　待って。これってすごく何かの話と似ていない？　「そうだよ、君がちゃんと警戒していれば」「そうだよ、君が露出度の高い服を着ていなければ」「そうだよ、君が男の人と一緒に部屋に入らなければ」「そうだよ……」。性暴力被害に遭った女性たちが耳にする言葉と、まったく一緒じゃないの！

　結局、どういう選択肢を選んだところで、犯罪の被害者さえもが非難を浴びる今みたいな状況下では、いきなり現れて詰め寄ってくる男でも、計画的に近づいてくる男でも、たとえその動機が好意であれ憎しみであれ、結局、女性たちにとってはどれも等しく不安で、気色悪くて、反吐が出そうで、災難でしかない。

　ある人は、突然現れる予測不可能な男たちを、自然災害にたとえたりもする。地震にはこれといった前触れがない。台風は予想もしない方向に進路を切り替え、私たちはいまだに明日の天気すら正確にわからないでいる。そんな自然災害みたいな男たちが私たちの周りにいるのだ。まれに運良く彼らの魔の手から抜け出せる人々もいるが、そんなのは自然災害が起きる前に逃げ出すネズミの群れに出くわしたようなものだ。「変質者はどこにでもいるから、あなた自身が注意して避け

なければならない」なんて、実に簡単に世間は言う。その結果、男たちは自分が罪を犯しておきながら、自らの行動がまるで自然災害でもあるかのような考えに至る。どうにも抗えない本能のせいだと、男というのはもともとそういう生き物だと。

　しかし、自然災害と違うのは、彼らの犯罪が間違いなく統制可能な領域内にあることだ。捜査範囲を拡大し、素早く検挙し、処罰を強化すれば済む話なのだ。あれ？　こうして文章にしてみると、ゴキブリ退治に近いものがあるわね（そうそう、まるで自然災害だなんて、あまりにも扱いが良すぎたわ。自然に謝罪しろ！）。

　ぞっとするほど気色悪くて、反吐が出そうで、災難でしかなく、いつどこから飛び出してくるかわからないゴキブリ。
　男たちのそのしつこい関心は、それ以上でも以下でもない。

　防衛策は徹底的な法の鉄槌だけなのだから、政府も、国会も、警察も、検察も、国も、"税金という着手金"を受け取っていらっしゃる以上は、今すぐにでも本腰を入れていただきたい。

4

理想のタイプは
ダウングレード禁止

※オッパとは、親しい間柄で、年下の女性が年上の男性を呼ぶ時の呼称。また、この漫画のように男性が相手の女性に対して優位性をアピールする時、自らをオッパと呼ばせる場合が多い。

私たちは、いい感じの男を求めているだけ

　私が漫画を描き始めた理由はいろいろあるが、そのうちのひとつが、一部の男どもが私のことを"あろうことか"上から目線で扱ってくることに、あまりにもうんざりしたからだ。

　正直、自分でも私はイケてる部類の人間だと思う。私を構成している要素のどれを取っても、"自分が"定めた基準を満たしている。私には確固とした目標があり、与えられた状況の中で、そのほとんどを叶えてきた。すべてが自分の力だけじゃないけれども、いちいち卑下するつもりもない。とにかく私は、自分自身に対し、相当なプライドを持っている。

　それなのに、どういうわけか私に近寄ってくる男たちは、どいつもこいつも、まあ、なんていうか、本当にもう、箸にも棒にも掛からぬやつらばかりだった。ルックスも、能力も、性格も、何ひとつまともに突出したところのないダメ男たち。目標もポリシーもない男、ましてや妻帯者までも。一体、何がどうなれば、その根拠のない自信が沸いて、この私に言い寄ろうなんて思えるのだろう。

以前は、自分が何の取り柄もないダメ女だから、同じようなダメ男ばかり引き寄せてしまうのだと思っていた。しかし、今なら言える。そうじゃないと。私がどうであるかにかかわらず、多くの男が本来ダメなんだと。ふがいない男どもがのうのうとやっていける理由は、社会が彼らのずるさを容認しているからだ。おかげで彼らは、何の取り柄もない自分の人生に羞恥心のかけらも覚えることがないばかりか、女が自分を受け入れてくれて当然だという考えを信じて疑わない。そんな男と付き合うくらいなら、いっそ付き合わない方がマシだということに、私も最近になってようやく気が付いた。

　この文章を読んだ誰かさんは、私に対して、「理想が高すぎるからだ」と言うかもしれないし、「うぬぼれが過ぎて腹が立つ」とか「恋愛も損得勘定から入る現金なやつ」と言うかもしれない。はい、その通り。そうよ、私は現金な女ですとも。自分のレベルに見合わない男と適当に妥協して付き合うくらいなら、潔く本心をぶちまけて、現金なやつだ何だと悪口を言われようが、心から納得できる男とだけ付き合いたいの！

じゃあ、反対に考えてみてほしい。もし私が男で、自分のレベルに見合う女と付き合いたいと言ったなら、はたして現金なやつだなんて言われるだろうか？　大抵の人が、何の疑問もなくうなずいて聞くはずだ。これこそが性差別そのものだ。

　私は本当に嫌だ。私が女だという理由だけで、自分の能力が、経歴が、努力が、ルックスが、"当たり前のように"けなされたりすることが。そして何より、そんなことを考えて自分自身を嫌いになることが、大嫌いだ。

　だから嫌いだ。不細工な男が嫌い。おしゃれしない男が嫌い。自己管理ができない男が嫌い。酒と言えば安い国産ビールと焼酎しか知らない男が嫌い。これまで体験した最高の冒険や経験がすべて受け身のものだった男が嫌い。旅行に出掛けない男が嫌い。本を読まず、映画も見ず、コンテンツの楽しみ方もわからない男が嫌い。相手の好みを尊重できない男が嫌い。フェミニズムが何なのかも知らず、マイノリティへの差別がわかっていない男が嫌い。他人に迷惑を掛けても謝らない男が嫌い。1年後に何をしているのか、5年後に何をしているの

かを尋ねても何も答えられない男が嫌い。適当に毎日を過ごしている男が嫌い。未来のない男が嫌い。嫌い、嫌い、大嫌いだ。

　どうして男たちはいつでも最高の女を求めるくせして、女には適当に妥協しろと言うのだろうか？　なぜメディアはいつでも、最高の地位に上り詰めた女性を、まともな大人と言えない、つまり一介の社会人にもなりきれていないような未熟な男と結び付けたがるのだろうか？　なぜ40代後半の男が20代前半の女性に"オッパ"と呼ぶことを強要し、手を出すことが当然の社会なのだろうか？　自分のことすら救えないような甲斐性なしが、女性の前でデカい顔をしているのが気に食わない。本当にムカつく！

　だから私は求める。普通にいい感じの男、いや、普通にまともないい男と付き合いたい。かっこいい男、最高の男と出会いたい。
　こんなことを書くような女こそ、普通にいい女のわけがないって？いやいや、あなたの相手としてふさわしい、つまり、あなたがコントロールできるような女じゃないってことでしょ？

だから私は求める。正直、ほかの女性の皆さんも要求した方がいい。自分が希望することに対して妥協しないでほしい。

　私たちはすでに十分にいい感じの女、普通にまともないい女であり、素晴らしい女たちだ。"適当に、まあこれくらいでもいいか"というレベルの女ではないのだ。つまり、理想を下げろと強要することなく、良心を持ち、自分自身のレベルを引き上げなければならないのは、ほかでもない男の方で、決して女の方ではない。私たちは適当になんて満足できやしない。

　私たちの理想のタイプは、ダウングレード禁止だ。

5

男たちの勘違い
あるある

男と女、同じ場所、違う人生

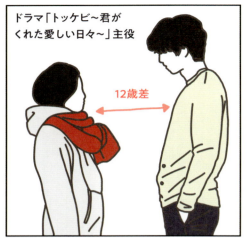

あんな大人の男はいない。
あんなおじさんもいない。

　ほんの少し前の出来事だが、20代前半の頃の私は、自分より年上の男が好みだった。3〜4歳上は当たり前で、20歳近く年上の男と付き合っていたこともある。なぜあの頃は年上の男に惹かれていたのだろう。同年代より経済的に余裕があるから？　心理的に安定しているから？　成熟しているとか、落ち着いているからとか？　だけど、本当にそうだったのだろうか。

　改めて振り返ってみると、年の差なんかお構いなく割り勘を強要してくる男もいれば、うんと年下の私に心理的に寄りかかってくる男もいたし、未熟で無邪気な男たちなんていくらでもいた。じゃあどうして私は、そんな男たちと付き合っていたのだろう？

　当時、私が大人になるためにとった手段は、今の自分のそれとは少し違っていた。自分の欲望に正直なアプローチだと考えていたが、その欲望を突き動かしていたのはどうやら別のものだったようだ。私は20歳の時からセックスについてのコラムを書き、セックスについて語っていたけど、性に積極的な一個人として語っていたのではなかった。しかし、その当時は女性がセックスについて語ることだけでも「どぎ

つい」と言われていた時代だ（今もそうじゃないとは言い切れないけど！）。

　その当時、私に近づいてくる男たちはいつでも同じことを言った。「ソヨンさんは傍目（はため）には強がって見えるけど、実際の君は誰よりもナイーブなんだろう？」。まるで自分だけが私の本性を理解しているかのごとく、一様に皆そう言いながら私の太ももに手を置いてくるのだった。

　滑稽な話だが、その頃はそんな手垢のついたやりくちがまかり通った。私は心の底から寂しかったし、強い承認欲求に飢えていた。たとえ常套（じょうとう）手段でも、その時は必要だったのだ。そうだよ、君は大人さ。セックスについても自由に語ることができるなんて、本当に大人びた子だね。考えてみれば、そんなことを言われている時点で私のことを同等の相手と見なしていないという意味なのに。どれだけ悪びれても、性に開放的であるかのように行動しても、一皮剥けば私は未熟そのものだったし、そのことを教えてくれる人は誰一人いなかった。家族は皆、遠く離れて暮らしていたし、知り合いもいない土地で、いち早く社会人生活を始めた私の周りにいたのは"大人の男"だけだった。

行き場のない欲望は、当てもなくさまよった。その上、どうやって嗅ぎつけるのか、私のそんな気持ちを利用して自分の欲望を埋めようとする男たちが至るところにいた。彼らの多くは私よりも年上だった。いや、うんと年上だった。

　その頃は、彼らが認める私の姿が大人というものなんだと思っていた。セックスについて自由に語れることが、自身を開放する門のようなものだと考えていた。しかし、欲望を持てあます若い女なんて、欲情に飢えた彼らにとっては単なる味のいいエサに過ぎなかった。やつらはそれにがっつき、私は彼らの求める"大人"のイメージに合わせようと背伸びして、そのたびに疲弊していった。

　もちろん、そんな"大人の男"に同情したこともあった。欲情を埋め合わせるために必死にもがく彼らを不憫だと思えたし、愛情のこもった目で見つめもした。自分がその欲求を埋めてあげたいと思ったこともあるし、むしろ私が彼らをコントロールしているという思いから、彼らを可愛いと思ったことさえあった。

　しかし冷静に振り返ってみると、本当にそうしてもらうべきだったのは私の方じゃなかっただろうか？　やつらが本当に私のことを愛し

てくれていたなら、彼らがとるべき行動は、私の服を脱がせることではなく、私を守ることだったはずなのだ。そうして"大人の男"に傷つけられてボロボロになると、また別の"大人の男"が現れては守るふりをしながら私を傷つけた。私の知る"大人の男"はそういう人間たちだった。

　時が経ち、その呪縛からどうにか抜け出した私は、正当な自分自身の欲望だけをぶちまけ、"大人の男"たちのための余地などないと宣言した。すると、彼らはわなわなと逆上して私を攻撃し始めた。それまでの紳士ぶりは影も形もなくなり、息の根を止めんばかりに私の口をふさいできたのだ。彼らの求めていたものが本当は何だったのか、如実に現れた瞬間だった。

　彼らはただ都合のいい相手を求めていただけだった。都合よく付き合えて、都合よく触ることができる相手。それが、私にこれまでのような付け入る隙がなくなった途端、本気で腹を立てたわけだ。いや、けしからんと怒り狂ったという方が近いか。そして、ここへ来てやつらが私の口を封じようとした理由もそういうことだと思う。私の声を

聞いたほかの女性たちまでが、私のように身持ちを固くするんじゃないかと思ったのではないだろうか？

　今更、過去のことを後悔なんてしない。あの経験があったからこそ、今の自分があるのだから。だけど今の私なら違うだろう。単なるフェミニズムのためだけではない。私が？　あんたと？　なんの理由で？
「セックスは好きだけど、あんたとはお断りよ」
　これが言えるようになるまで、一体どれだけかかったか。

　ここに来てフェミニズムに直面した私たちの人生とは、自らの過ぎた日々を思いっきり後悔して毛布を蹴飛ばしながら、「違うわ！　やっぱりあいつらの方がクズだったんだ！」と、眠りにつく途中みたいなものだ。だからせめて今夜だけでも、全部あのクソ野郎どものせいにしてゆっくりおやすみなさい。皆さん、良い夜を。

6

別れた翌日、
また別の日

男と女、同じ場所、違う人生

※ P.11 の※1参照。昨今、別れを切り出した恋人に逆上して、塩酸や氷酢酸をかけてやけどを負わせたり、焼酎ビンで殴り掛かるなどの事件が相次いで起き、このような「デート暴力」「離別暴力」が珍しくなくなった。

男と女、同じ場所、違う人生

罪と罰

　少し前、彼氏と別れた。

　彼は本当に思慮深い人物で、私の創作活動についても手助けしてくれたり、何かと支えてくれた人だった。おまけに私が女として感じている数多（あまた）の恐れや性差別についても十分に理解してくれ、自らがそうならないように努力もしていた。

　しかし、そんな彼と別れるやいなや、いの一番に私がとった行動といえば、彼と一緒に使っていたショッピングサイトのアカウントの配送先リストから自分の住所を削除することだった。それは不安を解消するためのほんの小さな抵抗だった。今も私と彼の間には共通の知人が何人もいるし、友達状態のままのSNSアカウントもいくつかあれば、彼のカーナビには私の家の住所だって登録されたままだ。彼が"そんなことをする人"じゃないことはわかっている。だけど、それにもかかわらず、私は"万が一"を考えてジタバタするほかなかった。

　その前の彼氏は傘を床にたたきつけた。だから別れた。また別の彼氏は、別れてから数日後の真夜中に家を訪ねてきた。そんな出来事が

しばしばあった。どの人も付き合っていた時は心から好きだったし、とてもまともな普通の人たちだった。

そんなこともあって、だんだんと別れ上手になった。少しずつ会う回数を減らす。出会って付き合って、そして別れを切り出してから、殴られたり、塩酸をかけられたり、殺されたりする確率は少しでも減らしておきたい。そんな心配をすること自体にとても疲れた。なんなら最初から危険人物の額にシールでも貼ってあったら、一目で見分けがつけられて楽なのに。

社会はいまだに男たちの犯罪、特にこういった痴情のもつれによる犯罪について、あまりにも鈍感すぎる。人が人を殴れば、すぐさま警察沙汰になり告訴状が受け付けられるのに、男が女を殴ったところでそれは恋人同士の痴話げんか程度に見なされ起訴猶予となる。昨年の事件のケースでは、いざこざの途中でカッとなって傘を投げ付けて彼女を殺害した男は、被害者家族が厳罰を嘆願したのにもかかわらず懲役4年を言い渡されただけだった。韓国警察庁の犯罪統計によると、恋人に殺害された疑いで書類送検された例は毎年50人に迫る。つまり

1週間に1人は犠牲者が生まれているという意味だ。殺人未遂、暴行を含むと、その数はとてつもなく膨らんでいく。いつ自分がその中に入ってもおかしくないのだ。

　だから最初から命とりになる火種を作らないようにしようと、男たちと距離を置いているうちに、だんだん彼氏を作らなくなってきた。人間関係における最小限の礼儀でさえ守ることができない"一部の男"のせいで、また、それを容認し、黙認する社会のせいで、男たちもやはり恋愛する機会を失っている。

　だけどそんな状況を見ても、大したリアクションのひとつすらないのも、まさにあいつらだ。言うなればこれは反作用、自業自得だ。女を頭のてっぺんからつま先まで品定めしては冷やかし、立ち居振る舞いを自分基準で判断する。女を人として尊重することを学ばず、結局、罪を犯すだけでなく、それを積極的に容認までする。

　このことは女を、人を人として扱ってこなかった結果なのだ。

7

女にしか解けない
間違い探し

男と女、同じ場所、違う人生

私たちは少しも恥ずかしくない

　横断歩道を渡る時に、必ずすることがある。運転手と目を合わせることだ。いつでもするわけじゃないが、横断歩道の手前で急停車したとか、ちょっとだけ停止線を飛び出した車があった場合にだ。

　そんな車の運転手を見ると十中八九、信号が変わるのを今か今かと待ちながら、歩行者を恨めしそうに見つめている。まるで歩行者側が悪いかのように。私は横断歩道を横切りながら、静かにその目を睨みつける。そして、目が合う。

　その時の私の目は、こんなふうに語っているはずだ。
「私の目を永遠に忘れるな」
　もし私を轢いたなら、この目が永遠に覚えているからな。そんな軽い呪いをかけているのだ。ほとんどの運転手は、少しビビりながらも露骨に嫌そうな表情を浮かべる。オーケー、作戦成功だ。

　ところで最近、そんな行動を余儀なくされる場所がもうひとつ追加された。公衆トイレだ。まず個室に入ると、どんなに急を要していても四方八方をチェックする。壁に穴が空いていないか、天井に抜けている箇所がないか、便器の中にビデを装ったカメラが仕込まれていな

いか。そして万が一にもあやしい何かを発見したら、静かにそれを睨み付ける。そして片頬だけでそっと笑いながら、中指を立てる。まるで挨拶をするかのように。何か鋭利なものを持っていれば、ほじくり出したりもするが、大抵はトイレットペーパーでふさいでおく。誰かに見られたら、馬鹿なことをやっていると思われるかもしれない。

　男たちは言う。女が"必要以上に"神経質なんだと。トイレの壁に空いたたくさんの穴に入るようなカメラなんてないと、そんな話は都市伝説みたいなもんだと。はて、伝説ならばなぜ"〇〇駅　女子トイレ盗撮"などという動画がインターネット上に堂々と出回ることになるのだろうか？　どうして動画の下にたくさんの興奮したコメントが連なるのだろうか？　なぜ隠しカメラを設置して捕まる男たちのニュースが連日流れ続けるのだろうか？　一体何に気をつけろというのか？　そもそも見る方が絶対に悪いよね？

　こんな違法の動画や写真を見るやつらがスカトロジー〔排せつ物に興奮する性的嗜好の一種〕に反応するのかと聞かれると、それとは違うだろう。やつらは女性のもっともプライベートな瞬間、すなわち、

女性が用を足す場面を見たり、女性の生殖器を見る行為を通して、ひんまがった支配欲を味わっているのだ。どんなに成功している女性でさえ下半身を露わにして盗撮までされているという事実に、優越感を感じているに違いないのだ。

　女性の羞恥心がそのまま興奮剤になるということ。ああ、いったいどれだけ最低な人生を送ってきたら、そんなもので興奮できるようになるのだろうか？（もっともあいつらの人生なんか１ミリも興味ないが）

　言っておくけど、私たちは少しも恥ずかしくない。
　人間なんだから生殖器もついていれば、小も大もするんだ。だからそれ自体、な〜んにも恥ずかしくない。

　恥ずべきはあいつらの方だ。そんなものに異常な快感を覚えて自慰行為に興じる犯罪者野郎ども、お前らは一度だって私たちを支配していないし、この先も支配できることなんてないんだからな。

8

女だから、
男だから

男と女、同じ場所、違う人生

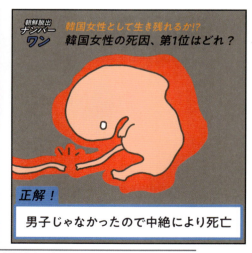

※ 2016年5月にソウルの繁華街で起きた江南駅女性殺人事件を指す。ビルのトイレで20代女性が面識のない男に殺傷された。犯人は統合失調症を患っていたと警察が発表したことも世論の反発を招き、女性、障がい者に対する韓国社会の在り方が浮き彫りになった。韓国でのフェミニズム運動が広まる発端となった事件。

男と女、同じ場所、違う人生

男と女、同じ場所、違う人生

そもそも、男が、女が、そんなことあり得る？

　このコラムを書くほんの少し前、ある大学のヌードデッサンの専攻授業に参加した男性モデルの露出写真が、インターネット上に流出するという事件※があった。私はこの事件の一連の話を聞いて、心底驚いた。そんなに衝撃的な事件だったのかって？　いいえ、まったく！

　盗撮に関する事件なんか、ありとあらゆるメディアに溢れかえっていて珍しくもなんともない。私を驚かせたのは事件そのものではなく、あの警察が、本件に対してはあまりにも迅速に対応したという点だ。何の因果であそこまでスピーディーに捜査が行えたのか、1週間もしないうちに犯人を特定して捜査を進め、自白まで取り付けた。ここまでは警察の仕事ぶりが大変素晴らしかったおかげだと考えることにしよう。しかし、警察が二次加害者の捜査まで御自ら乗り出されたという話を聞いた時には、本気で卒倒するかと思った。盗撮ごときで警察は動かないと思っていたのに一体なぜ？

　同様に女性たちだって、これまでも、隠しカメラによる犯罪、いわゆる盗撮に関して公権力に被害届を出してきた。それでも「捕まえるのは不可能だ」とか、「これしきのことでは告訴できませんよ」などと、

※ 2018年5月、あるオンラインコミュニティに男性モデルの顔と男性器の写真をアップした女が、発生からわずか12日で逮捕された事件。女性の盗撮には鈍感だった警察のこの態度に激怒した女性たちは、大規模デモを敢行。この女は後の裁判で実刑を言い渡され、男性優位的な判決と批判された。

その場で断られるのが関の山で、やっとのことで加害者を捕まえたとしても、様々な言い訳を並べ立てられた挙句、軽微な犯罪であると起訴猶予処分に着地するところを何度も見てきた。公権力は二次加害者の捜査はおろか、ただ傍観するのみで、被害者はたった一人でその苦しみに耐えることを強いられ、降りかかる火の粉を振り払おうともがいて海外へ移住したり、しまいには自らの命を絶ってしまうことさえあった。そんな状況になっても、"一部の"男たちはさも楽しそうに冷やかしたり、"遺作"だなんだとおちょくり、性的に消費してきた。しかし一方で、今回のように被害者が男性となると、公権力を通して保護される上に迅速な捜査がなされるなんて、腹が立って当然だろう。

　ずっと盗撮の被害者であった女性として、男性と女性では適用のされ方がまるで異なった今回の法の二重性が、どれほどむなしく感じられたことか。今まで捜査が"できなかった"のではなく、"なされなかった"ということをあからさまに証明したも同然なのだから！

　しかも、男性が罪を犯した時には取り立てるほどのものではないと一蹴しておきながら、一方で犯人が女性となると、容赦なくマスコミ

のカメラのフラッシュの洗礼を浴びせ、極悪非道な犯罪者だと世間に
さらし出すなんて。こんなダブルスタンダード、いったいどこから生
まれてきたのだろう？　男が女を殺せば衝動による過失だと処理され
る確率が高い反面、女が男を殺した時には緻密な計画犯罪に分類され
て重い処罰が下される確率が高いというが、それと同じ脈絡なのだろ
うか？　女の分際で"恐れ多くも"男を相手に罪を犯したからと、男
よりも厳罰に処されるのだろうか？　そんなことがまかり通っていい
はずがない。

　結婚を控えているから、深く反省しているから、前途ある若者だか
らなどという理由で、男による犯罪は世間が味方して覆い隠してしま
う。じゃあ、同じく前途ある被害女性の未来はどうなる？　これは想
像だが、これまで女性に危害を加えてきた男たちをまともに捜査し始
めたら、警察の業務がパンクしてしまうからじゃないだろうかと思っ
ている。あまりにも、絶望的なほどに多すぎるために（手元にある韓
国警察庁の資料によると、盗撮犯罪の加害者の98％が男性であること
から見ても、ほぼ間違いないだろう）。

被害者が男性の盗撮動画が流出すればポータルサイトのトレンド１位になるのに、女性が被害者の盗撮動画の場合はアダルトサイトのトレンド１位になる。このアンバランスな権威勾配は、今すぐにでも正さないとならない。

　一般的に、"女が、女は"という言葉は行動を制限する時に使われ、"男が、男は"という言葉は行動を都合よく弁解する時に使われるという。たとえば、次のようなことだ。

"女が、女は……"
・女がそんな服を着て、はしたない。
・女は大声で笑うもんじゃないよ。
・女がぬけぬけと、何様のつもりだ。

"男が、男は……"
・男が何かにチャレンジするのだ、失敗することもあるだろう。
・男は本来、そういう生き物さ。
・男ならそんなこともあり得るだろう。

まずはこの辺りから変えていかなければならないと思う。女にだっていくらでも"そんなこともあり得る"から、男も"ぬけぬけと"そんな行動をとらないように。そして公平に、お互いが"そんな行動をとらないようにしよう"と。

Part 2
何の因果か女に生まれて

1

セクシャルハラスメント
【せくしゃるはらすめんと】［名詞］

相手の意に反して、性的に羞恥心を与える言葉や行動を指す。

間違い探し

何の因果か女に生まれて

納得できない男たち

去年の３月頃だったか、ある法律事務所の地下鉄広告を撮影した画像がSNSにアップされた。児童に対する性犯罪、強姦犯罪など、あらゆる性犯罪を例に挙げ、「不当な処罰を無罪、不起訴、執行猶予へと導きます」などとうたっていた。この広告は大変な非難を浴びて撤去されたが、実際、ポータルサイトの検索ウィンドウに"性犯罪"という単語を入れるだけで、入力候補に"納得できない"という言葉が続いて出るようになった。その上、そんな"納得できない"男たちのためのネットコミュニティまで続いて提案されるくらいだ。このように、性暴力で告発された男たちの反応は、いつだって一貫している。

"納得できない"

私はそんな彼らを見るたびに、毎回不思議に思っていた。彼らは何がそれほどまでに納得いかないと感じているのか？　上りのエスカレーターで、前に立つ女性のスカートの中を盗撮したのも自分だし、職場の女性のお尻を触ったのも、風俗業者から相手を買ったのも自分で、ましてや泥酔した女性を強姦したのも自分自身なのだ。それが偶発的であっても、過失でも、一瞬の判断ミスだったとしても、とにかく"犯

罪"を犯したのはほかでもない貴様の下半身……おっと、自分自身なのに、いったい何が"納得いかない"というのだろうか？　ああ、まさか、「自分だけが捕まったから」納得いかないということだろうか？皆やっていることなのに、って？

　確かに、女を"ゆすり"扱いして万事丸く収めていた世界に住んでいた男なら当然悔しいはずだ。自分たちは無理やり襲った側とはいえ、男の立場からすれば、女にとって性暴力の被害者になるということは恥であり、ならばただ黙っていればいいものを、不敵にも暴露するようになった今日の状況は、さぞや腹立たしいことだろう。これまで男が下半身をむやみに甘やかしてきたことについては社会全体が大目に見てきたのに、もはやそんな状況ではなくなってきているからだ。

　要するに、彼らは世間が変化したことについて納得できないのだ。

　しかし！　この薄情な世間でも、いつだって希望はあるものだ。性犯罪で訴えられた（または訴えられるかもしれない）男性が、本当に冤罪だと訴えたい時……あなたを救うチェックリストを用意しておいた！　さあ、一緒にひとつひとつチェックしていこう。

▶私は意識のしっかりした相手に言葉で同意を求め、
　答えは YES だった。
　例：「あなたのスカートの中を撮影してもよろしいでしょうか？」

▶私は生まれてこの方、インターネット環境のない屋内に暮らし、
　外に出たことがなく、誰にも話しかけてもいなければ、
　指一本触れたことすらない。

▶私は家に大金を所持しており、女性はもちろん、
　何ひとつ不自由していない。

　もしこの３つのうち、ひとつでも当てはまらないものがあれば、おめでとう！　あなたは性犯罪者です！　ただちにプリンに顔を突っ込んで逝ってください！

　それが嫌なら、これまで見過ごされていたことが、もはや許されなくなっているのだということを学ぶべきだ。この先の行動はもちろんのこと、過去に犯したことを注意するすべも知っておくべきだ。
　女たち、本当に納得いかない思いをしてきた人たちは、これまで十二分に悔しんできたのだから。

2

子宮を持つ者、
その重さに耐えろ？

※ man（男）と explain（説明する）を合成した新造語。男性が女性に対して偉そうに解説・助言すること。

※男性たちの女性嫌悪に対抗して、2015年8月に立ち上げられたコミュニティサイトのこと。別名メガル。女性差別の現状を多数糾弾するが、内紛により2017年に閉鎖された。

何の因果か女に生まれて

［新たなるクエスト］
産婦人科へ行け！

　産婦人科、婦人科病院は敷居が高いと感じている女子たちよ。まず女医が診療するクリニックを探すのだ。これまで教科書的に学習した、なんだか気恥ずかしい単語を言われたり、万が一にも起こりえないとも限らない犯罪のターゲットにならないためにも、女医"だけ"が診療してくれるクリニックを探そう！

　お次は十分な予算を準備しよう。経腟エコー、HPV検査、ウイルス検査、子宮頸がん検査が含まれる女性パッケージ検査なんぞ受けようものなら、20万ウォン〔約2万円〕くらいは瞬時にサヨナラ～☆　もちろん、腟がん検査だけでも5万ウォン〔約5千円〕はくだらないから、覚悟するべし！

　そうそう、検査を受けることは秘密のクエストだから、誰にも知られてはいけない。彼氏に知られでもしたら、あなたに子宮があるという事実の方にまず恐れおののくはずだから。そしてお母さんにも内緒の方がいい。「どうしてそんなところに行くのか」と背中百たたきの刑は必至なので、くれぐれも注意されたし！

　それじゃあ、さっそく産婦人科に行ってみよう。クリニックが入っ

ているビルの警備員のおじさんや、一緒にエレベーターに乗ったすべ
ての人、ましてや同じ階で降りた人たちが自分を見る表情もチェック
しておこう！

　さあ、クリニックに到着だ。来院は初めてかという質問に始まり、
来院理由、直近の生理日、性体験の有無まで看護師さんに質問される
はず！

　待合室で座っているほかの患者さんとは、つとめて目を合わせない
ようにしよう。待ちくたびれて幽体離脱しそうになった頃、ようやく
自分の番だ。ふぅ、まったく一大事だわ。だけど安心するのはまだ早い。
どこぞのアイドルラッパーの問題歌詞にあったみたいに、"産婦人科の
ように脚を広げて♪"をしないといけないからね。

　まるで、『ドラゴンボール』の孫悟空が修行した"精神と時の部屋"
みたいな診察室で、下は全部脱いでスカートだけはいた状態になろう。
そして、座り心地の悪い椅子にいそいそと上がってスタンバイ。する
と看護師さんに「もう少し下まで下がってください」と言われるはず。

大抵カーテンで仕切られているけど、仕切られていない病院もあるよ。そしてようやくお医者さんが登場！　ヒンヤリとした医療器具 "膣鏡" を取り出して「はい、少しヒヤッとしますよ〜」と挿入。これほどまでに居心地の悪い検査があるのかというような診療が続いた後（なぜ21世紀にもなって、膣鏡は進化しないのだろう？）、不快ながらも妙な爽快感のある消毒をして、いつの間にか溶けるという膣錠を挿入してもらったら、はい、おしまい！

　だけどこれで終わりじゃない。検査結果が出るまで3日間ほど、ドキドキしながら待つべし。そしてもし結果に問題があれば再検査となる。それでは、皆の健闘を祈る！

【クエストの報酬】
思わず愚痴も言いたくなるほどの検査費用と、いっそ子宮を取り外してしまいたいという、ささくれた気持ち。

3

潜在的加害者、
潜在的被害者

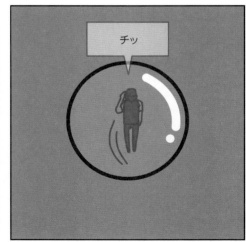

何の因果か女に生まれて

※ 112 は、韓国における緊急通報用の電話番号。日本の 110 に当たる。

ウソ・ホント・クイズ①
Q.大韓民国は安全な国である

A. 誰かにとってはそうだが
誰かにとってはそうじゃない

ウソ・ホント・クイズ②
Q.凶悪犯罪の被害者のうち8割以上が女性というのは、女性家族部※の統計である

A. 2013年の韓国警察庁の統計だ

ウソ・ホント・クイズ③
Q.性犯罪を除く、殺人・強盗などの凶悪犯罪の被害者の男女比は同じだ

A. なぜ性犯罪を除く？

ウソ・ホント・クイズ④
Q.その凶悪犯罪の加害者の8割以上が**男**である

A. 86%だ

男が殺し、男女が死んでいる。

※女性の地位向上のため2001年1月に新設された政府組織（当時は女性部）。1998年2月に設置された大統領直属女性特別委員会が前身。

摘発男とクソ女

　少し前のことだが、本当にあった出来事だ。

　私は友達と地下鉄に乗っていた。たまたま2人並んで座れる席が空いていたので、私たちはそこに座ったのだが、私の隣の席の男が、電話をしながら思い切り大股を開いて座っているのだ。私はこの上ないくらいに丁寧に、「脚を閉じてほしい」と頼んだ。男は一瞬だけ脚を、ほんの気持ち閉じたかと思うと、そのうちすぐにまた開いてきた。開いただけでなく、私の席まで侵犯し、さらに自分の太ももを私の太ももにぴたりとくっつけてきたのだ。

　このクソ野郎！　私は思いっきり顔をしかめて不快であることを露骨にアピールすると、自分の座席として許される境界ギリギリの位置に持っていたカバンをグッと挟み込んだ。すると男はすっと立ち上がり、こちらをじーっと見下ろしながら目の前でくどくどと文句を言い始めた。私は目をカッと見開き、男に向かってこう言った。

「自分から脚を開いておきながら、私に向かってよくも文句が言えるわね？」

　男は私が反論するとは思っていなかったようで、驚いた表情であた

ふたとドアの方向に引き下がっていった。やれやれと、再び友達とお
しゃべりしていると、ドア付近にいたその男が、さっきから手にして
いた携帯を耳に当てて何やらブツブツ言いながら、私に聞こえよがし
にこう言った。
「クソ女が……」

　私は男を睨み付けた。男が横目で私を盗み見ていたのを確認すると、
大声で、周囲の乗客に聞こえるようにはっきりとした口調で、「今、私
に向かってクソ女って言ったわね！」と言い放ち、キャハハハッと高
笑いしてやった。男は慌てて隣の車両に逃げて行った。乗客が私の方
をチラチラと見ていたが、私は何事もなかったかのように友達と談笑
を続けた。

　私はあの男と同じく運賃を支払い、自分が許容されている空間でた
だ普通に、地下鉄を利用したかっただけだ。それなのに、あの男はこ
ちらに害を与えてきた。私ははらわたが煮えくり返るほどの怒りを感
じた。

　もちろん、そんな私のことをうるさいと思っている乗客には申し訳
ないが、ああいうタイプのやつには赤っ恥をかかせても物足りないく
らいだと考えている。迷惑を掛けておきながら、謝り方も知らない人
間たち。いつでも逆ギレして無礼千万な人間たち。

もしあの時、私が友達と一緒じゃなかったら、一人で地下鉄に乗っていたなら、無礼な行動や発言を聞いても何も言い返せなかったかもしれない。私の行動がもとで、隣の車両にいた別の弱者、つまりあの男が舐めてかかっている私のような若い女性が、同じような被害を受けたかもしれない。それでも、ああいうやつがのさばらないような状況を作っていかなければならないというのが私のポリシーだ。

　文句を言えばひるむとでも思ったのだろうか？　若い女だから黙るとでも？　不満があるなら最初から口で言えばいいのに。面と向かっては言えないからって、電話するふりしてブツブツと文句を言うようなチキン野郎だなんて。そもそも本当に通話してたのかもあやしいわ。

　きっと私以外にも、似たような経験のある女性たちがたくさんいるだろう。同じような状況下で、「なぜ何も言えなかったんだろう」と自分を責める人もいるかもしれない。しかし、当たり前だが、それはあなたの失敗でもなく、もちろん私の失敗でもない。人のことを見くびって身勝手に行動した元凶が存在しているじゃないか。そんな文明人でも何でもないようなやつらこそが問題だ。

　たとえ何かあって死ぬとしても、お前には負けやしない。だからしっかりと脚を閉じて、公衆道徳を守りやがれ。

4

あの頃、
彼らのついたウソ

※韓国では80年代頃まで多くの女子生徒が見せられた性教育ビデオ。今も都市伝説のように語られている。

"女 VS. 女"(女の敵は女)の罠

　私たちは幼い頃から"女の敵は女"という言葉を何度も耳にしてきた。ドラマではやさしいヒロインをいじめる意地悪女が登場するし、ネットの掲示板では彼氏の女友達を"メギツネ"呼ばわりして牽制する書き込みが連日投稿され、会社では若い女子社員の美貌や若さに嫉妬するお局上司の悪口など、どれもありふれていて目新しくもない。

　しかし、この構図を作ったのは一体誰なのだろう？

　もちろん現代社会で競争は不可欠だし、その中には確実に嫉妬や憎悪があり、いさかいが生じることは当たり前である。では、なぜ女性同士の争いが"キャット・ファイト"なんて呼ばれるのだろう？　男たちの争いは決して"男の敵は男"なんて言葉で置き換えられたりしないのだ。しかもそれが男 VS. 女の対決となるとさらにタチが悪い。男に対抗する女は"気の強い女"呼ばわりされ、結局、女性の能力や努力などは男性のそれに比べて、簡単に見下されやすいということがわかる。

　職場の上司が女性の場合も、部下はより厳しい条件を望む傾向にある。部下たちは女性上司が寛大であることを望むと同時に、カリスマ

性も期待する。この矛盾思考、一体どういう"ホットのアイスコーヒー"状態だ？　同じ業務を指示しても、男性上司がすると的確だと思い、女性上司がした場合は「これって本当に的確な指示？」「自分、何か反感買ってる？」と疑って感情的に受け止めるという（そしてこれが女性の部下に向けられた場合には、それこそ"女 VS. 女"の構図になるわけだ。何だそれ！）。

　企業の女性役員の比率は、わずか1.9％、管理職が7.1％（2016年基準、韓国内の上場企業1,745企業中、質問に応じた1,228企業の項目別平均。出所：韓国女性政策研究院）。ゆうに管理職の90％以上を男性が占めているというわけだ。女性が活躍できる場所自体がとても狭いのに、それさえも見下されている。ましてや、あるアンケート調査によれば、女性上司が好ましくないという理由に「会社より家庭を重視するから」という結果があった。しかし女性だけにすべての家事を押し付けているのは、まさに社会の方であるということを、私たちは改めて考えてみる必要がある。

　前述の"メギツネ"や、男を手玉に取る"女王蜂"などとあだ名をつけられる女性たちも同じだ。彼女たちの行動以前に、女である事実が先にフォーカスされる。ただ単にその人物の性格がひねくれているだけのことかもしれないのにだ。または、そのひねくれた性格だって、

実は、男に愛されることだけが女の権力であると教え込んできた、家父長制が作り上げたものじゃないだろうか？

　これまで、家父長制や男性支配の構造の中で、女性たちは十分苦しんできた。私には、この"女の敵は女"という言葉こそが、女性たちにこの不条理な現実構造を見せないようにしていると思うし、さらには、その言葉を作った張本人たちと戦えないように仕向ける意図までもが透けて見える。目をそらさせ、弱者である女性同士で戦わせようという、巨大な陰謀ではないだろうか。

　ここへきてようやく女性たちは自身の経験を語れるようになり、お互いが敵ではないことも確認して、結び付きを強めている。まだまだ道は遠いけれど、少なくともこれだけは間違いない。これ以上、同じ轍は踏まないということ。誰かに対してある感情を抱くのは、それがその相手だからであって、女だからでは決してないということ。そして、これまで私たちが経験してきた被害を、次の世代の女性たちに味わわせることのないようにすることだ。

　少なくとも私たちは、「俺たちがどれだけ苦労してきたか、お前らも経験してみろ」と徴兵制の廃止に賛成しなかった男たちのような人間にだけはならないはずだ。

5

#MeToo

次の例のうち、
性的暴力の被害者に向けた
二次加害に該当しないものを
番号で選びなさい

① なんで警察に届けなかったの？

② 君に気があるから
　手を出したんだろ

③ あいつ、そんなやつじゃないよ

④ まさか。君の勘違いじゃないの？

⑤ 男はそういう生き物だ

⑥ 君の普段の行いが
　引き起こしたも同然だろ

⑦ 証拠はあるのか？
　むやみにそんなこと
　言うもんじゃない

⑧ じゃあ君はクリーンなのか？

⑨ 早く言ってくれれば
　絶対に助けたのに

ば〜か、このクソ野郎ども

#MeToo

　私が作った理論の中に "どれ、俺もいっちょ……論" がある。どんな内容かというと、世の中に 10 人の人間がいたら、その中で本当に本当にマジで本当に悪いやつというのはたったの 1 人しかいない。そして残りの 9 人のうち 2 人はやたら道徳的とか、やさしい性格の持ち主だからなどの理由で、たとえ機会があったとしても悪事には手を染めない人たちだ。そして最後に残った 7 人がどういう人間かというと、こいつらこそが、きっかけさえあれば "どれ、俺もいっちょ……" と悪事を働く種類の人間たちだ。強い相手には平身低頭、弱い相手には傲岸不遜な態度をとる、いわゆる "選択可能な憤怒調節障害" などとくくられるようなやつらだ。

　ゆえに、たった 1 人の本当にものすごく悪いやつをきちんと処罰することこそが、何よりも重要になってくる。残りの 7 人は単なる "ヘタレ" どもだ。自らすすんで罪を犯すほどの度胸がないため、検挙例があれば、あえてやってみようとも思わない。なのにそのたった 1 人の悪いやつがまともに処罰されることがないため、「おや？　ならば俺もいっちょ……？」と犯罪に手を染めるのである。

　この虫けらほども価値のないやつらがさらにクソな理由は、第一に、

とにかく自分より弱い相手のみを狙うという点だ。第二に、自らも自分たちがヘタレだとわかっていて、主導権を握るために仲間同士のカルテル（同盟）を形成する点。そうやって作ったカルテルが被害者を徹底的に孤立させ、さんざんしゃぶり尽くした挙句に放り出す。こうして被害者は永遠に口を閉ざすことになる。

　だからこそ、昨今の＃MeToo運動によって各業界の第一人者による加害や犯罪の事実を告発・暴露される時、その加害者を厳罰に処することが何より重要なのだ。彼らの犯した罪が特別にタチの悪いものだったからというだけではない（彼らがその地位に上りつめるまでに犯してきた数々の加害事実の中のいくつかが、今になって明らかになったということもあるし、そうである可能性が高くはあるが）。彼らを厳重処罰することで、各業界の最底辺にいるやつらも、むやみに他人に危害を加えたりできなくなるからだ。

　それゆえに気を付けろ。お前らの首を絞めるのは、＃MeTooでもフェミニズムでもなく、ずばり自分自身の罪なのだから。

Part 3
女は〇〇すべきだ

1

ひとつのベッドに、
他人の2人

※1990年代以降、好きなビデオを選んで指定された個室で見られるビデオルーム(ビデオ房)が韓国各地に広まり、本来の目的のほか、カップルのモーテル代わりに使われた。現在はDVDルーム(DVD房)として存在。

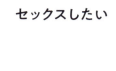

手抜きしない、
気持ちいいセックスをしよう

　これから私が男性の皆さんにとっておきの秘密をひとつ、お話しようと思う。セックスの時、ほとんどの女が知っているのに、ほとんどの男が知らない、あの事実の話だ。

　あの事実とは、ずばり、
　ほとんどの女はセックスの最中、頭の片隅でまったく別のことを考えている、という事実だ……！（ドーーン!!）

　たとえば、出掛ける前に使っていたヘアアイロンの電源切ってきたっけ……とか、帰りにコットンパフ買わなくちゃ……みたいなことだ。ある時は、セックスがクライマックスに差し掛かっているその最中にも、天井の模様を数えたりしている。男がさっさとイってくれることを願いながら。そして男が射精して、ようやくコトが終われば、女はそそくさとトイレに駆け込んで便器に座って考える。小水が染みる女性器の焼けるような感覚を感じながら。

　あ〜あ、私、何やってんだろう。

　女たちは、愛撫の段階でそのセックスがハズレだと悟っている。し

• 161 •

かし、だからといって相手を制止することはせず、ただ、する。伝えれば相手がキレるかもしれないし、がっかりするかもしれないから。女側のせいにするかもしれないし、萎えて中折れしちゃうかもしれない。いわゆる"男のプライド"を傷つけてしまうかもしれないのだ。最悪の場合、もっとも無防備な状態の二人きりの密室で、相手がカッとなって手を上げることがないとも限らない。その結果、うれしくもない痛みが残るだけだ。

　なぜこうなるのだろう？

　一番の理由は、男たちの無関心にある。彼らは女の欲望や満足にはほとんど興味がなく、自分の欲望を満たすことだけに熱心だ。まるで自慰行為みたいに、自分だけがさっさと絶頂に達した後は、相手を放り出してしまう。セックスが終わった後、男に甘えたがる女と、そんな女がウザいだけの男、メディアでも本当によく取り上げられるシーンだ。本当に女が、男とのカラダの交流よりもココロの交流だけを求めていると思っているのだろうか？　女だって人間なのだ。"本当に"満足できたのなら、指一本だって動かしたくないのは同じだろう。つまりそれが問題なのだ。今まで、社会的にも男主導のセックスが容認

されてきたし、自然なことだと刷り込まれてきたから。これまで何の問題もなかったかのように見えていたことが、すべての悲劇の始まりなのだ。

　ところで、ここに罠が……。実は女にだって、どうしたらいいのか自分でもわからないことがある。漫画や小説によく描かれているような、頭の中が真っ白になって、膝がガクガクして、ビリビリしびれるようなセックスというものを経験した女が、いったいどれだけいるのだろう？　ほとんどのセックスにおいて"気持ち良かった……かなあ？　う〜ん、まあ、良かったんだろうな"なんて妥協する。自身の気分と妥協するのだ。誰のために？　結局、相手のために。

　だから私たちにも自慰行為が必要なのだ。男性が自分自身に行うように、女性たちも自分のためにする必要がある。自分でするとわかる。挿入するセックスとは明らかに違う感覚を。自分の体を自ら触ることで、どこをどう触れば気持ちいいのかを探り出すことができるから。しかし、女たちはこのことを今の今まで学んだことがない。

　ん？　男だって教わったことがないって？　そうだろうか？　男た

ちは子どもの頃から自分の性器を誇りに思って育ってきていないか？

　男性の自慰行為については、どんな話も面白おかしい武勇伝みたいな扱いになる。大人になる過程で誰もが経験することであり、自然な行動だと考えられ、それについて言及することだって、特段恥ずかしくもなんともない。しかし、女の自慰行為はというと、語ることすらはばかられる。

　女たちは自分でしてみるどころか、自分のアソコがどういう構造になっているのかもよく知らない。むしろ"秘密めいたところ""神秘的なところ"として恥ずかしさがつきまとう（きっと女同士が自分の性器について語る回数より、男同士で女性器について語る回数の方がずっと多いはずだ）。それほど、女たちはあまりにも知らなさすぎる。私たちは自分の欲望がどういうものかも知らず、それを語ってもいいという事実さえ知らない。代わりに、徹底的に男性の欲求だけを重視するように思い込まされてきた。

　女性は今からでも自分自身を知るべきだ。自慰行為もしてみて、鏡に映して、触ってみて、あれこれと試して自分が求めていることを知り、要求しなければならない。これ以上、痛いセックスはごめんだ。

もちろん、必ずしも毎回オーガズムを感じる必要もないし、感じたくてもできないはずだ。人間なんだから、毎度毎度いいわけがない。そうだとしても、つまり私が何を言いたいかというと、だからといってお前ら男たちが、女がオーガズムを感じられるように努力をしなくてもいいという話ではないだろう？　男たちは何のためらいもなく「口でして」とか「もっと上」「もっと下」などと要求するくせに、どうして女はそれができなかったんだろう？　男どもよ、今まで何ひとつ指摘されることなく、さぞかしお気楽だっただろう。だけど女たちはシラケてたんだよね、究極に。これからはお前らに、楽はさせないから。

　私たち、手抜きしない、気持ちいいセックスをしよう。

2

男にとってはイイこと

※高圧的な韓国男性の口癖のひとつ。

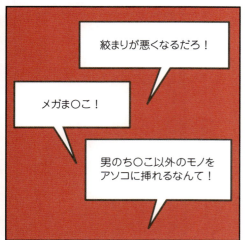

「俺、聞いたんだけどさ……」

　体調がすぐれない時に人から言われて、無性に腹が立つ言葉のナンバーワンは「お湯を飲め」だ。のどが痛くても、おなかが痛くても、風邪をひいても、とにかくお湯を飲めと言われる。そしてその言葉をもっとも聞きたくないのが、ほかでもない、生理痛の時だ。

　もちろん、体を温めることが生理痛の緩和にも、生理周期を整えるのにもいいというのは間違いではない。だけど、これに男が口出しするというのは、女性に言われる時より何千倍もしゃくに障る。

　それはただ、彼らが生理のない生き物だからではない。あえて理由を述べるなら、こっちが生理痛でうんうん唸っている時に、ぬるっと後ろにやってきては、「運動不足だからじゃないの？」だの、「冷えたんだろ？」だの、「小豆を袋に入れてチンして腹に乗っけるといいらしいよ」だの、挙句、「お湯を飲めよ」だのと、ぺらぺらぺらぺらうるさいからだ。
　そんなこと言っておきながら、「鎮痛剤は良くないんだろ？　耐性が付くってね」ときた。どこかで拾い聞きしたような、生理についてのクソみたいな知識をひけらかしては、十何年と痛みに耐えてきた私の

173

不快指数を急上昇させる。「どうか私の経血が貴様の首を掻き切って噴き出した血でありますように」と何度呪ったことか。それなら、小豆を入れる袋をチクチク縫って作ってくれるとか、お湯を沸かしてくれるとか。やってくれないんだったら黙っといてくれる？　こちとら、ただでさえ"ナーバス"なのを知っているよね？

　ところで、こういった生理に対する男のおせっかいは、体に挿入するタイプの生理用品（タンポン、月経カップなど）を使う時にもっとも激しくなる。本気の大激論は必至だ。私はこの理由が、男たちの行きすぎた処女願望症によるものだと考えている。

　男は実にまっすぐに処女を求めている。その理由は百歩譲って"恋人がお互いにとって初めての人であることを願う"という青臭い気持ちからの場合もあるが、大部分は男自身の未熟なセックステクニックを隠すため、または誰かと比較されたりしないためである。このほか想像するのも嫌になるほどの浅ましい理由は枚挙にいとまがないが、どれが理由だとしても、女性を一人の人間として望んでいるのではないということは火を見るより明らかだ。

もし女性のことを、思考と感情を持ち合わせる人間だと考えている
のであれば、韓国語の世界に、"へし折られた花""こじ開けられた
鍵""登るべき山"……など、処女でなくなることに対して、これほど
多くの比喩があるはずがない。もっと露骨に言うならば、彼らの目には、
女性というのは箱にしまい込んだ静物であり、処女性、つまり処女膜
とはその箱に貼り付けられた"開封後返却禁止"のステッカーのよう
に見えているのだろう。

　だがここで驚きの事実がある！　正直な話、処女膜というものは存
在していない。そもそも膜でもなければ、突き破られるものでもない。
言ってみれば、しわに近いもので、まあ、とにかくステッカーではな
いのだ（もっと詳しく知りたい諸兄は図書館にでも行ってくれたし）。
結局、男たちはそもそもが存在していないものを奪うことに快感を覚
えているのだ。ああ、虚像に憧れる馬鹿馬鹿しさと、なんともむなし
い征服欲よ！　それが"処女崇拝"の正体である。

　だとしても、もしそれをほかの男が奪っていたならば？　憤るしか
ない。しかしその憤りを最初の男に対してぶつけるような、そんな気

概はもちろんない。結局、言いやすい女の方を非難する。すでに"こじ開けられた箱"の分際で、最初の男には開かせたのに、どうして自分は開けられない？　あいつとは寝たのに、なぜ自分とは寝てくれない？　あいつのは受け入れたくせに、なぜ俺のは受け入れない？　こういった過度の嫉妬心が、ようやく人差し指程度の大きさのタンポンにまで及んでいるわけだ。

　男の中には、女がタンポンを出し入れする際にも"感じているんじゃないか"と恐れている者もいるという。……ちょっと待って。トッポキみたいな細くて小さくて、何のひっかかりもないような形の単なる綿の塊で、いったい何を感じろっていうのよ？　まさか性的快感？　女をなんだと思っているのよ！　そもそも、おたくらのお粗末なソレでだって、まともに感じさせてもらえてもいないってのに。え？もしかして、そう言われるのが怖かった？　どうやったらタンポンにまで競争心を燃やせるんだか、こっちが教えてほしいくらいだわ。

　私がズバリ、言い当てていいかしら？　女の、ましてや顔も名前も知らない、この先も絶対に遭遇することもない女の体までもが自分のものだという、むなしく儚い妄想をしているから腹が立つんでしょう？

女は〇〇すべきだ

いい加減、目を覚ませ。
私も、あの子も、その子も、あんたとはセックスしないから。

3

適当になんて
満足できない

※金銭面で両親や彼氏に頼りながら、自身は食事代ほどする高価な外資系コーヒーを飲んだりブランド品を好む虚栄心の強い若い女性を揶揄して主に男性が使った、2000年代半ば頃に流行した新造語。「キムチ女」以前に広く使われた。「テンジャン（＝味噌）」と悪口の「チェンジャン」をかけている。

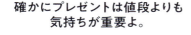

女性たちよ、恐るるに足らず

　23歳のある夏の日、私は最低にクズな恋愛を終わらせた。相手のゲス野郎とのデートはいつも同じようなパターンだった。デートは週に2回、食堂とも呼べないようなお粗末な店で食事を済ませてモーテルへ行き、休憩利用でセックスをして別れる。実際に顔をつき合わせている時間は短く、会話のほとんどはメールやSNSで交わされた。こんなものが恋愛だと頑なに信じていた時代が、私にもあったのだ。

　それに知る由もない、私みたいな相手がほかに5人もいただなんて。改めて振り返ってみれば、ゲス野郎の思うがまま、いいように利用されていたと思う。概念女※生活の末に得た、痛々しい教訓みたいなものだ。

　以降私は、ほかは譲っても、死んでもモーテルだけは行くまいと、自分なりの哲学を持った。あれから数年が経った今でも、私はただの一度だってモーテルでセックスをしていない。

　私がモーテルを利用しない理由は、今となってはゲス野郎との記憶のせいでも、ばたばたとシャワーを浴び、どたばたとセックスをし、あたふたと退室するといった、休憩利用のせわしなさのせいだけでも

※家父長制の下、男性が求める女性像を揶揄した新造語。男性が「キムチ女」「テンジャン女」の対極となる女性の意味で使っている。

なかった。

　シャワールームに設置されている大きなシャンプー＆リンスのボトルに謎の液体が混ざっているという都市伝説ごときは問題じゃない。それよりも、ほんの今しがたまでこの場所にいた誰かの存在をありありと感じさせるほど、妙にじっとりとした布団や、出所不明のちぢれ毛がまとわりついているシーツ、枕カバーに残されたファンデーションや口紅のくっきりとした跡……。すべてがあまりにも生々しく、我慢の限界だった。たかだかセックス１回のために、ユーザー評価が高くてレビュー内容も良く、隠しカメラ安心地帯と表記されているところをネット検索してわざわざ赴くなんていう、そんな過程にほとほと嫌気がさしたからだ。

　相手も同じ気持ちだったら話は早いのだが、大抵の男は自分のつまらない性的欲求にしか関心がなかった。じゃあ、そもそもヤル以外に関心がないんだったら、私の行きたいところに行ったっていいんじゃない？　それなのにセックスで頭が一杯の"緊急状況"下でさえ、コスパを重視するようなせこい男だ。この先の恋愛がどんなものになるのかなんて、たかが知れている。その程度も我慢ができず、その程度

も理解ができない、小さい男。そんなやつ、恋愛対象として付き合わざるを得ないという理由なんか、もはや、ない。

　私は自分に、そして私たち女性全員に、そのくらいの身勝手さがあっても十分なほどの資格も理由もあると思っている。

　この章では、ホテル代を割り勘にしようと言われる話はあえて扱わなかった。また、女性がセックスをする時、どれだけ多く悩み、危険を覚悟しているのかもあえて扱わなかった（この話は、すぐ後の章にて取り扱う）。ただセックスがしたいだけなのに、そんなことまで白日の下にさらすつもりなのかと問われたら、私の答えはたった一言だ。

　少なくとも私たちは、いちいちそんなことをつまびらかにしなくてはならない状況に身を置きたくない、ただそれだけだ。

　そう思っているのは私だけではないはず。私の周りの誰かさんが不安や不満を隠しながら、"この程度で満足する"女にならないことを、心から願ってやまない。

4

なぜ女はまともな男と
付き合おうとするのか

※女性の人工中絶については、現行では刑法の堕胎罪にあたるが、2019年4月、韓国の憲法裁判所は「妊婦の自己決定権を過度に侵害しているため違憲」だとして条項改正を求めた。その結果、2021年1月から効果を失うと宣告している。

女は〇〇すべきだ

なぜ女はまともな男と付き合おうとするのか
（別名：なぜ女はまともな男とだけ付き合うべきなのか）

　これを読んでいるあなたが男で、「なぜ女たちはちゃんとした（若くて高収入で高身長でハンサムな）男とだけ付き合おうとするのか？」とか、「皆、ドラマを観すぎて自分みたいな男と付き合う気が起きないだけなんじゃないか？」「なぜ女は割り勘を嫌がるのか？」「フェミニズム旋風に感化されて"概念女"が減ったせいか？」などという疑問を抱いているなら……。

　一度女性の立場になって考えてみてほしい。あらゆる安全策を講じたのに妊娠してしまったとしよう（そういうケースは実はかなりある！）。韓国では望まない妊娠をしても子どもを堕ろすことができない※。もし堕ろすと、女性だけが処罰の対象になる。だから仕方なく10ヶ月間、おなかの中で子どもを育てる。そして産んだら産んだで、それまでよりもっとつらいことが待ち構えているのだ。

　男が逃げたりせずに、「結婚しよう」「責任をとる」というきれいごとでもなんでも言うのなら、まだマシかもしれない。中には卑劣にもその責任の重さに耐えきれずに逃げ出したり、行方をくらませたりする男もいる。本当の重さは女性の体内ですくすく育ち、女たちがそれ

※この原稿の発表当時。P193 注釈を参照。

を身をもって実感し、耐えているというのにだ。シングルマザーをサポートする法案や支援がお世辞にも整っているとは言えない韓国では、誰かの手助けがない限り、女性一人で子どもを育てていくのは不可能に近い。ゆえに、様々な事情で育児放棄された子どもたちは養子に出されるか、児童養護施設に預けられるかしかないが、同時に、その時点ですでに女性の社会的地位は断絶されている。

　しかし、もし結婚したとしても、ワンオペ育児、ワンオペ家事、夫の親孝行代理が待っている。まともに結婚式を挙げていないため、厄介なうわさと容赦ない詰問（きつもん）が永遠についてまわる。母親になった女の名前は“誰々のママ※”になる。違った！“ママ虫”になるんだったわ！
　そして両親には一生顔向けできないまま暮らすことを余儀なくされる。学生であれば中退（言わば学歴の“断裂”）、社会人ならばキャリアの“断裂”は基本で、復職や再就職はいつになるやら、夢のまた夢だ。バイバイ、女の人生。

　……と、まあ、総体的な例をまとめて書き連ねてみたが（だけどあまりにもありふれたケースだ）、もし、さっきのセックスでコンドームが破れていたならどうすべきか？　産婦人科でも緊急病院にでも駆け

※韓国では母親になると呼称に「（子どもの名前）のママ」が加わり、日本以上に様々な場面で自分の名前より「○○のママ」と呼ばれるケースが増える。

込んで、一粒数万ウォンはくだらない緊急避妊薬を処方してもらわなければならない。薬を飲むと、いきなり胃がむかむかして下血もする。月経周期は完全に乱れ、次はいつ月経が始まるかもわからず、それなのに100％の避妊が保証されるわけではない。

　では前もって服用する経口避妊薬（ピル）は安全なのかと言えば、それを飲んでいる間ずっと不正出血が続くこともある。吐き気や吹き出物に悩まされることもある。数多くの製薬会社が出している避妊薬の中から、今月はA社、来月はB社、それでもダメなら再来月はC社というように、自分に合う薬を探し求めて、まるで実験室のマウスのような気分で生体実験を繰り返さなければならないのだ。そんな時でさえ「ピルを飲んでいる」と言うと、「じゃあナマでセックスしよう！」という男のなんと多いことか。まったく、開いた口が塞がらない。

　だけど、たとえコンドームをつけて清潔にセックスをしたとしても、男にとってはどうってことのない雑菌が、尿道と膣口が近い女性にとっては膀胱炎や膣炎の原因にもなる。何の気なしにトイレに行って洗わないままの不潔な男の手のせいで、女性たちは検査だ消毒だと1回5万ウォン以上も出して婦人科にかかることもあるのだ。もちろん保

険適用外。間違いなく体は不調を訴えているのに、それさえ大きな声では言えない現実。すなわち、このすべての過程において、ダメージを受けるのは女である自分の体と心だけだ（もちろん、財布も）。

　さて、女性の皆さんに問う。どう転んでも、女である自分だけが損をする道しか見えないのに、あなたはそんなしょうもない男と付き合って、セックスをしたいか？　少なくとも、万が一に備えられる安全な男、精神面でも、金銭面でも、どんな面でもいいが、その遺伝子を残す価値があると思える、または自分を支えることができる男とだけ付き合いたいと思うはずだ。
　男は挿入して何度かワッショイワッショイした後でびゅんと射精すれば終わりだが、女はその短い瞬間に、前述してきたすべてのことを考えている。さもないと、自分の人生がことごとく台無しになってしまうから。

　男性の中には、この文章を読むまで、たった一度のセックスに、女がこれほどまでにおぞましいリスクを覚悟しているということを知らなかった人もいるはずだ。でも知ってもらった以上は、今からでも遅くないから、あなたとのセックスを拒否する女性に対してしつこく食

い下がったり、脅迫したり、丸め込んだり、責め立てたりするのではなく、遺伝子的価値がある存在へと自己研鑽(けんさん)することがあなたのためにも賢明じゃないかと思う。もっともプライベートな行為であるセックスをする時でさえ、女性たちは権威勾配極まりない不利な立場に立たされているのだから。

　このことを認め、すぐにでも改めていかない限り、あなたたちの番は永遠にやってこない。資格もなければ、繁殖レース脱落は必至だ。

5

私の体、
あなたの選択

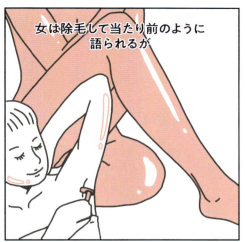

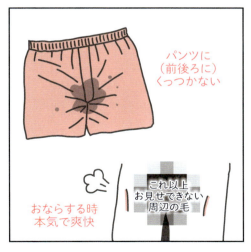
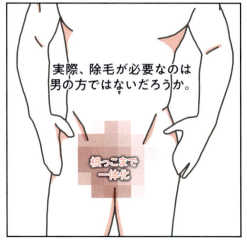

私たちはただ、イケメンを求む！

　自分で言うのもなんだが、私は心の広い方だと思う。美醜の基準も寛大だし、それ以上にルックスについてのストライクゾーンも広い。ところが、繁華街を歩く男たちを見ていると、そんな私の目にですら、及第点と言えるようなそこそこのイケメンに出会える確率は極めて低い。合格ライン以上の女性はたくさんいるのに、だ。"世のイケメンは全員どこぞの芸能事務所の地下練習室に閉じ込められている"という都市伝説を真剣に疑わざるをえないほど、日によってはただ一人のそこそこのイケメンにすら遭遇できないこともある。一体これはどういうことだろう？　父親の時代の色あせた写真にだって、今、町を歩いている男よりもずっと簡単にハンサムを見つけられるというのに。この遺伝子は皆どこへ行ってしまったのだろうか？

　私は、「不細工でも許される環境」が男たちをこのようにしてしまったと考えている。

　これまで女たちは、男には外見の良さを求めてはいけないと洗脳されてきた。男は顔よりも能力だ、性格だ、ユーモア感覚だと、あれこれと置き換え要素を提示されてきた。ならば問う。男たちは、その中のひとつでもまともに持ち合わせているのか？　女に苦労かけること

なく一生食べさせられるほどの年俸を稼ぐ能力がある？　気遣いもでき、礼儀をもって女性を扱える？　女性を一生おなかの底から笑わせられるくらいのユーモア感覚を持っている？

　全然できてないじゃない。

　ある者はこう反論するだろう。「それじゃあ君はどうなの？」と。はぁ？　それはこっちのセリフだ。まるっきりそのままお返しする。

　男は、実に長い間、自分たちの外見を棚に上げて、"可愛くて、髪の長い、身長160センチ以上で体重が45キロ以下の、おっぱいが大きい女性"を基準として、当たり前のようにそれを求めてきた。そして世の女性たちはというと、やはり長い間、その基準に自分を当てはめようと整形手術をし、ダイエットをし、様々な方法で自身を苦しめてきた。

　そしてそんな女性たちに対し、いまだに品定めしては評価を下し、その基準から少しでもはみ出そうものならひどい言葉を浴びせているのも、ほかでもない男たちだ。しかも相手が恋愛対象であってもなく

ても同じである。

　それどころか、処女を渇望している割には、一人暮らしでお酒好き、昼は淑女、夜は情婦になる女を求めている。おまけに最近では女性も生活力が重要だからと、恋愛中には割り勘を、結婚してからは共働きを望み、そのくせ、育児や家事、夫の実家での大小の出来事すべてを女に任せようとしてはいないだろうか。女一人に、母、妻、嫁、彼女、そして娘の役割をすべて求め、その基準をひとつでも満たすことができなければ、よってたかって非難するのも、ほかでもない男である。

　一方で、男たちはどうなのか？　なぜ不細工だと言う言葉ひとつさえ我慢できないのだろうか？（実際その通りなのだから。もちろん人を外見で判断することは当然してはいけないことである。この話はあくまでも恋愛市場に限定された話なので、どうか誤解のなきよう。恋愛においてルックスは非常に個人的であり主観的でありながら、同時にもっとも大きな影響を及ぼす要素であるからね）

　イケメンが好きだと言うと、決まって言われることがある——「顔が君を一生、食わせてくれるとでも思ってるのか」と。それは不細工

な男も一緒だろう。顔を食べられるわけがないじゃない、私たちはゾンビか？　こんな話もある。取り立ててイケメンでも何でもない男性芸能人や俳優に対して、たとえば"普及版〇〇（イケメン芸能人の名前）"とか"廉価版〇〇"などのニックネームをつけるのも、今となってはすべて、女性たちの基準を低めようとする国を挙げての陰謀としか思えない。勘弁してほしい。いつでも自分たちは"極上"の女性だけを求めておきながら、なぜ女には"普及版""廉価版"の男と付き合えと言うのか？　だから嫌なんだってば。いっそ付き合わない方がマシだし、なぜ理想を引き下げろと繰り返し言われないといけないのか？　それも"盾突く側"の方から強要されるとは、とんでもない笑い種だわ！

　別に、童話に出てくる白馬の王子様を希望しているのではない。少なくとも"適当に満足できればそれで幸せだ"というウソにはもうだまされない。私たちは適当ではなく、もっとマシな相手を望む。基準は人それぞれだろうが、少なくともここで、それまで男たちが鼻歌混じりでボコボコにしてきたルックスというやつから、その基準のスタートを切ろうじゃないか。

するとまたどこからか思考停止した中立者が現れて、男女にかかわらず外見だけで人を判断することはよろしくないとまくし立てるだろう。ところで、そのよろしくないことを今まで率先してやってきたのは誰だったっけ？　良心のかけらもないのか？　相手に責任転嫁する馬鹿げた文句を聞くことにも疲れた。私たちはもっと要求していいのだ。イケメン希望という言葉でさえ堂々と言うことをはばかられてきたが、もっと声を上げていいのだから！　「私たちはただ、イケメンを求む！」

　しかし、万が一、恋愛市場で少しでも魅力的に見られたいと考えている男は、今からでも自分磨きをするなり、自己啓発に励むなり、自己管理するなり、とにかく何でもいいからちょっと頑張ってくれればいいのにと思う。少なくとも、自身を省みもせずに、相手のせいにするという悪しき習慣だけでも手放すとかね！

6

味方という名の敵

※韓国の個室型高級キャバクラ。

214
女は〇〇すべきだ

韓国のフェミニズムは間違えている

「僕もフェミニズムには賛成さ。だけど、韓国のフェミニズムはちょっと性質が違ってきていると思うんだ。メガリアみたいな掲示板なんか見ても、言っていることが過激すぎやしないか？　ステレオタイプな男性観、潜在的な犯罪者扱いに始まり、非難ごうごうじゃないか。彼女らのそれは"フェミナチ〔急進的なフェミニスト〕"だよ。しょっちゅうそんな態度じゃ、助けるものも助けられないよ。その行為こそが、潜在的な味方を失うことにつながってるんだけどな」

　以上が、"フェミニズムを支持すると言えば、ひとつぐらいは自分の意見を聞き入れてもらえるだろう"と思っている男が言う定型文だ。

　ツッコミどころだらけだが、私は、この中でも"過激"という言葉がもっとも理解できない。女が火炎瓶を投げつけたとか、道行く男に塩酸をぶっかけたとか、あるいは男を一ヶ所に集めて毒ガスをまいたとでも？　いいえ。私たちはただ、「それはいけませんよ、やめてください！」と声を上げただけだ。それでも一向にやめる気配がないから、「やめろっつってんだろ、このクソ野郎どもがっ！」と申し上げているだけなのに、それがそんなに居たたまれないのだろうか……。まっ

たく、そんな薄っぺらい自我で、どうやってこの険しい世の中を渡り歩いていらしたのかしら？

　事実、もっとも過激なのは、決めつけたりするなとか、自分を潜在的犯罪者扱いするなと頭ごなしに叱りつけてくるおたくら＝男の方なのだ。

　しかも「型にはめるな」「男は元来そういう生き物だ」なんて、舌の根も乾かぬうちに、どの口がそれを言う？　事実、「男はもともと獣だ」「男とは欲求を抑えきれない生き物だ」なんだと、映画、ドラマ、ニュース、本、ひいては教育まで、ありとあらゆるメディアで、男を"獣で欲求を我慢できない非文明人"に仕立て上げているじゃない。あら？待って。これこそが、男を潜在的犯罪者に仕立て上げている張本人じゃないかしら？　男たちよ、あっちだ！　本当の敵はあそこにいた。男の名誉を毀損させている人間たちを突き止められたじゃないか！……ふぅ、あまりにも幼稚で矛盾に満ちていて、何も言えない……。

　実のところ、何が問題なのか、彼らもわかっているはずだ。だから

怯えるのだ。これ以上、女性が自分たちの目を気にしなくなるであろう事実を。だから恐ろしいのだ。女たちが、これまで経験してきたことが暴力だったのだと知ることが。その瞬間に、男は加害者になりやり玉に挙げられることは必至だ。だから、フェミニズムを否定するのだろう。最後のあがきとでも言おうか。しかし、そうこうしている間も時計は回っていて、世界は変化しつつある。

　私たちに、フェミニズムに、女性に、共感なんかいらない。どうせ人間は他人を100％理解なんてできないから。わかりあえなくたっていい。手を取ってくれなくたっていいし、涙を拭いてくれなくてもいい。本当に、心の底から本当に、それでも助けてあげたいと思うなら、いいから黙っておいてほしい。女性の口を封じようとせず、女性の未来を遮ろうとせず、女性の人生を邪魔したりしないでほしい。助けるとか言って、でしゃばらないで。味方じゃなければ必要ない。

　ここまで言っても、まだ潜在的味方うんぬんを問い正す気なら？
　永遠にお眠りいただくしかないですね。

7

どこから見ても
フェミニスト！

※ 2011年4月にカナダで始まった、性暴力に抗議する女性差別反対運動「スラットウォーク」。これを受け、韓国・ソウルでは2017年9月に女性たちが露出度の高い服を着て自転車に乗る「スラットライド」運動が行われた。

※韓国では、真っ赤なリップスティックは強い印象を与えるため、ひと昔前まで敬遠されてきた。

男が想像するフェミニスト	社会が想像するフェミニスト

女が想像するフェミニスト	真のフェミニスト
	この本を読んでいるあなた自身

あなた、どこから見ても
フェミニストっぽいですね

　男の中には、フェミニズムを語ったり実践している女性を攻撃するとき、"クンクァンイ"〔韓国語の擬声語。ズシンズシン〕、またはそこに、前項で触れたフェミニストたちのコミュニティであるメガリアを合成して"メガルクンクァンイ"という言葉を使う。体の大きな生き物がズシンズシンと音を立てて歩いている様子から持ってきた言葉だが、つまり太っていて不細工な女性が、男に相手にされずフェミニストになったのだと言わんばかりである。しかし、ある男性漫画家が、自身の漫画でフェミニストをデブでブスの姿に描き続けておきながら、いざ自分が"不細工だ"と言われると烈火のごとく怒り狂ったというエピソードなんかみると、実に皮肉な話だ。

　19世紀後半から20世紀初頭のイギリスで、女性の参政権を求める運動を主導してきた活動家団体サフラジェットの場合も同じだった。当時の男性たちも、サフラジェットは男に愛されることのないブスどもの集団に違いないと冷やかしていたからだ。実に100年以上も昔の話なのだが、その当時から一歩も進歩していない。なんと情けないことか。

私たちは皆、知っている。女性は男性のために存在しているのではないということを。だからフェミニストの女性たちは、あからさまにでも潜在的にでも女性を見下している男性を鼻で笑っている。

　しかしいざ女性たちが自身の外見について語り始めると、フェミニスト同士でもその意見はすれ違う。社会的に様々なつながりと流れが存在するためである。自身の嗜好が世間一般に強要される女性の姿に符合してはいないか、付け込まれるような隙はないかを点検し、または世間が作ったステレオタイプの女性像＝いわゆる"コルセット※"からいまだに抜け出せないまま、ほかの女性を責め続けたりもしている。

　フェミニストにとって、外見がこうあるべき、ああああるべきという基準はないと思う。体型だって、太っていたり、痩せていたり、髪も長かったり、短かったりと様々である。人によっては、すっぴんで黒いマスクをつけ、ノーブラであることがフェミニストの姿だと言うだろう。またある人は、髪をレインボーカラーに染め、アイラインをこめかみまでひき、真っ赤な口紅を塗っているのがフェミニストだと言

※コルセット、脱コルセット運動とは男性が女性に求める化粧、ロングヘア、スカートにハイヒールなど、美の象徴をコルセットにたとえたムーブメント。外見至上主義の韓国で近年注目されている。日本の #KuToo にも通じる。

うかもしれない。しかし、フェミニストの誰かはふわふわパーマにフリルどっさりのワンピース姿かもしれないし、コンサバティブなスーツにナチュラルメイクの姿かもしれないのだ。

　正解はない。

　そもそも"本物のフェミニスト"の外見をコード化しようとすること自体が的はずれだ。フェミニストの外見はかくあるべきというコードがあるんだったら、高級ブランドのバッグを持てば"外国文化かぶれのテンジャン女"、エコバッグを持てば"しっかり者の概念女"と区分するようなやつらと何ら変わりはない。人を見た目で判断する方が間違っていると、耳にタコができるほど聞いてきた言葉だが、事実だ。

　もちろん、世間が作り出したイメージからはみ出せる人はいない。人間は惰性の生き物だ。だから自分の趣味嗜好がどこから来たものなのか、立ち止まってじっくり考え研究してみることはたいへんに意味がある。これまで"女性"という枠に閉じ込められ、気軽にできなかった様々なことにチャレンジするとか、自分を抑え込んでいたあれこ

れから抜け出すことも、その過程の一部だ。

　過去から現在に至るまで、フェミニストたちが男性中心社会で対抗する方法や戦略は、日々刻々と変化してきている。コルセットのカテゴライズについても、皆それぞれ違った考えを持っているはずだ。女性個人にのしかかるプレッシャーもそれぞれであり、ゆえにそれを跳ねのける努力の程度や限界も各々違ってくるのは当然である。

　しかし、その目的となると、例外はなく、たったひとつだ。

　女性を苦しませる社会的抑圧から抜け出し、一人の人間として個人の自由を探すこと。結局、程度や方法の違いはあれど、女性自身が抑圧だと感じることから抜け出そうとする、そのすべての試みが"脱コルセット"運動なのだと思う。各々の努力を心から応援する。しかし、努力しているからとか、またはしないからといって個人が非難を浴びるような理由もない。

　女性だけが化粧をしなければならない社会は、女性個人が作ったものではない。女性があるファッションを身に着けた時に特定の反応を受けることも、女性個人のせいではない。男性はおしゃれをせずとも、

ちょっとくらい太っていても許されるのに、女性は死ぬほどダイエットして、ひどい言葉を浴びせられながらも、それでもおしゃれしてこそようやく生きていけるというような今の世界は、どこかの個人が作り上げたものではない。現代社会はありのままの女性自身でいることを許さない。それゆえ、現代の女性たちがとるあらゆる試み、ましてや"脱コルセット"運動さえも、社会はその正当性を疑うのだ。

　本当に非難すべき、戦わなければならない相手は、女性たちにステレオタイプな枠を強要する社会の方であり、その社会の中でもがいている個人ではないはずだ。フェミニズムは、女性が、私たち皆が幸せに暮らしていくための手段であり、目的ではないのだから。

　私たちは皆、どこから見てもフェミニストだ。

::エピローグ

　最初にこの本を書こうと思い立った時、つまりまだ『クソ女の美学』というタイトルすらなかった時、私は単に「気軽に読める漫画」を描こうと思っていました。初めはフェミニズムという言葉もできるだけ使いたくなかったくらいで、それは自分はフェミニストじゃないからという思いよりも、フェミニズムという単語からネガティブな印象を受け取る人が多いと思ったからです。

　私はただ事実だけを、女性たちが生きる世界とはどういうものなのか、どれだけ不公平なのかということを見てもらいたくて、この本の執筆に至ったに過ぎません。やがて、ちりも積もれば山となるように、気づけばいつの間にか「あれ、これもフェミニズムなのかな？」と読んだ人たちに理解してもらえている、そんな皆さんの反応が見てみたくなった。ところでそこにたどり着くまでもなく、女である私が女性の物語を書こうと思い立った時点ですでに私は「過激派フェミニスト」になっていたようです。おかげで『クソ女の美学』というタイトルも生まれ、連載もでき、こうして本も出ることになりました。

　だけど、そんな反応とは裏腹に、すでにフェミニズムについて深く

勉強しているような方々にとっては、この本はあまりにも軽々しく感じられるかもしれません。この漫画には解決策や代案がないとか、オチでスカッとしたのはいいが、じゃあ現実問題はどこへ行ったんだと、問い正したくなる人もいるでしょう。確かにそうかもしれない。この漫画が解決できることなんて何もないかもしれません。今どこかで死のうとしている誰かを助けることもできなければ、誰かを傷つけているやつの手に手錠を掛けることもできないし、目の前にいる誰かのためになる法案を通過させることだってできやしません。

　しかし、それこそ一人の力では到底できないことです。ゆえに、これからの話であれ、解決作であれ、まったく違う討論であれ、もっと多くの女性が前に出て口を開く必要があると私は考えています。もう女性の話はおなかいっぱい、聞き飽きたですって？　いいえ、まったく足りていません。これまで嫌っていうほどに垂れ流されてきた男性のマスターベーション・オデッセイ（別名：男性中心物語）に追いつこうとするなら、まだまだこんなものじゃ足りないくらい。声を上げ、行動し、考える女性が増えれば増えるほどにデータは蓄積されていき、ひいては自分の力になるのです。だから私はこの先も、取り上げ出し

たらキリがない女性の物語を喜んで応援していきます。私ができないことを、きっと誰かが解決してくれると信じているから。

　ところで人々は問います。「クソ女」って一体何なのかと。
　私は「クソ女」を、他人の視線より自分の欲望に正直になれる女性だと定義づけました。その欲望とは何なのかって？　ずばり「不足を感じて、これを満たそうと望む心」（出典：標準国語辞典）のことです。女性の欲求は、それが至極当然のことでさえも欲望になります。まったく足りていない状態だからです。だけども社会は、女性たちにいまだにより多くのことを要求してきます。もっと意識して、人目を気にして、自分を締め付けろと。本当に息が詰まる思いです。もしそこから少しでもはずれようものなら、矢のように非難が殺到する。「テンジャン女」「キムチ女」「クソ女」たちがそのいい例です。

　だから私はこう考えました。何をやっても非難されるくらいなら、いっそやりたいようにやって悪口を言われた方がマシだと。自分のために選択できる女がクソ女であるのなら、むしろクソ女になってやろうじゃないかと。

そう決めた途端、目の前に無数の選択肢が広がりました。たとえいばらの道だとしても、これは間違いなく私の生きる道なのです。

　だから私は「クソ女」なのです。だけど私のことをクソ女と呼べるのは、私一人だけ。私は自分のためにこれからも欲張っていくつもりです。

　今、自分のために欲張ることを選んだすべての女性たちにエールを送ります。
　クソ女どもよ！　ファイト！

ミン・ソヨン

：：訳者あとがき

　本書はウェブ漫画のプロデューサーとして働いていたミン・ソヨン氏が、2017年2月頃からFacebook上に公開し始めた自作漫画を一冊にまとめたものの翻訳版である。本国では2020年3月現在、この手の本としては異例のヒットといえる16刷4万部を売り上げており、韓国社会におけるフェミニズムコンテンツへの関心の高さが窺える。

　SNSで拡散されたこともあり、現地での中心読者は18〜25歳の女性たちだという。ほやほやの大人の女性として大学や社会に飛び出した彼女たちが、初めて抱く嫌悪感や違和感に直面した時、この漫画に描かれるエピソードは同志を得たような安堵感を与えたに違いない。

　本書には、日本でもベストセラーとなっている『82年生まれ、キム・ジヨン』（筑摩書房）に登場するエピソードを切り出したような漫画も多く登場する。『キム・ジヨン』から読んだ読者の中には二番煎じではと思われる方もいるかもしれないが、それはつまり、韓国女性が日常的に経験しているありふれた出来事であることを意味している。

　また、2016年に起きた「江南駅女性殺人事件」（P94参照）に代表される、女性のみを狙った無残な事件をベースにしたエピソードなど、本書は韓国の出来事について、ある程度の予備知識の上に成り立っている漫画も少なくない。ゆえに、より漫画を理解してもらえるよう、翻訳版には注釈をつけることにした。この点では、長年、新聞記者として韓国社会を見つめてきた友人、

キム・ミニ氏に多くの力をお借りした。この場を借りてお礼を申し上げる。

　あとがきの執筆にあたり、ミン・ソヨン氏に、連載を始めた頃と比べて韓国女性の置かれている環境は改善されたかと尋ねたところ、「良くなったとは言えないが、おかしいと声を上げる人が増えた点では大きく変化したと思う」との回答があった。だが、一方で女性の声が大きくなるにつれ、男性側の反発する声もまた大きくなっていると言う。例えば 15 年前に BoA が「女という枠を押し付けないで」と歌った『Girls On Top』のような歌を今、TWICE が歌ったら確実にバッシングされるはずと分析している。

　ところで、ミン・ソヨン氏がフェミニズムに関心を持ち、初めて読んだ本は上野千鶴子氏の『女ぎらい──ニッポンのミソジニー』（紀伊國屋書店）だったそうだ。「韓国の女性たちと日本の女性たちが経験している状況があまりにもそっくりだ」と感じたと言う。ところで、このテキストを書いている最中、韓国で「n 番部屋事件」が表沙汰になり、大きな関心を集めている。性犯罪にも抵触するような動画を 20 万人以上の有料会員が視聴していたという、おぞましい事件だ。だが、これは隣国だけの話なのだろうか？　フェミニズムについて考え始めた私たちには、もはやよそ事だとはとても思えない。本書は私たちに日常の些細なことを始めとした、もっと多くのことを考えるきっかけになるだろう。

岡崎暢子

日本語版デザイン	佐藤亜沙美（サトウサンカイ）
校正	麦秋新社
協力	キム・ミニ、株式会社クオン
編集	安田遥（ワニブックス）

クソ女の美学
アマ

ミン・ソヨン 著

岡崎暢子 訳

2020年 5 月 6 日　初版発行
2020年 5 月20日　2 版発行

発行者	横内正昭
編集人	青柳有紀

発行所	株式会社ワニブックス
	〒150-8482
	東京都渋谷区恵比寿4-4-9　えびす大黒ビル
	電話　03-5449-2711（代表）
	03-5449-2716（編集部）
	ワニブックスHP　http://www.wani.co.jp/
	WANI BOOKOUT　http://www.wanibookout.com/

印刷所	株式会社美松堂
DTP	株式会社オノ・エーワン
製本所	ナショナル製本

定価はカバーに表示してあります。落丁本・乱丁本は小社管理部宛にお送りください。
送料は小社負担にてお取替えいたします。ただし、古書店等で購入したものに関してはお取替えできません。
本書の一部、または全部を無断で複写・複製・転載・公衆送信することは法律で認められた範囲を除いて禁じられています。

©岡崎暢子2020　ISBN 978-4-8470-9909-0　Printed in Japan

ART OF BEING A BITCH
Copyright © 2018 by Seo Young Min
All rights reserved
Japanese Translation copyright © 2020 by Wani Books Co. Ltd.
Japanese edition is published by arrangement with Wisdomhouse Mediagroup Inc. through Cuon Inc.